# RÈGLEMENT

CONCERNANT

# LES AGENTS DE CHANGE

PRÉCÉDÉ

D'UNE PRÉFACE EXPLICATIVE

Monsieur le Ministre,

L'art. 90 du Code de commerce de 1807 a déclaré qu'il serait pourvu par des règlements d'administration publique à ce qui est relatif à la négociation et à la transmission des effets publics.

Ces règlements ne sont pas encore faits.

Ils sont cependant indispensables.

Il n'existe, en effet, sur ces matières qu'un certain nombre de prescriptions disséminées dans d'anciens édits, arrêts du Conseil ou arrêtés, ceux notamment de décembre 1705, octobre 1706, 24 mai 1711, 24 septembre 1724, 2 décembre 1786, 29 germinal an IX et 27 prairial an X. Mais ces édits, arrêts ou arrêtés, sont fort incomplets, et ils ont laissé sans solution de nombreuses questions, qu'ils n'ont ni prévues, ni pu prévoir.

Ces lacunes n'ont pas été comblées par l'ordonnance royale du 22 mai 1816, laquelle n'a été faite que pour les Agents de change de Paris, et qui, dans son art. 6, s'est bornée à maintenir les édits, déclarations, lettres-patentes et arrêts du Conseil, relatifs à la profession, en réservant toutefois à la Chambre syndicale le droit de proposer et de soumettre à l'approbation du Ministre des finances tels changements et modifications qu'elle jugerait convenables.

En vertu de ce droit, deux règlements, qualifiés l'un de règlement général, l'autre de règlement particulier, ont été adoptés par l'Assemblée générale de la Compagnie, dans ses séances des 12, 16 et 19 novembre 1832.

L'approbation ministérielle a été demandée ; elle n'a jamais été obtenue que d'une façon tacite.

En 1843, une Commission fut chargée par le Ministre des finances d'alors, M. Lacave-Laplagne, de préparer un règlement général. Un projet fut rédigé par une Sous-Commission (1) qui consacra à son élaboration plusieurs mois de travail ; mais, comme il arrive trop souvent, ce projet n'est pas sorti des cartons ministériels.

On a expliqué cette inaction par la difficulté, on pourrait peut-être dire par l'impossibilité, d'une part, de faire un règlement sur la négociation des effets publics, sans s'occuper des marchés à terme, et, d'autre part, de s'occuper de ces marchés, alors que leur validité n'était pas légalement reconnue.

A défaut d'un règlement général, des règlements particuliers ont été faits par les diverses Compagnies d'Agents de change.

En 1870, celle des Agents de change de Paris a refondu en un seul les deux règlements de 1832.

Comme les précédents, ces règlements ont été soumis à l'approbation des ministres compétents ; mais, comme eux, et pour les mêmes raisons, ils n'ont jamais été revêtus d'une approbation expresse ; de sorte que, s'ils ont pu devenir obligatoires pour les Agents, auxquels on n'ouvre l'accès de la Compagnie qu'autant qu'ils prennent l'obligation de s'y soumettre, ils n'ont pas pu acquérir cette force vis-à-vis des tiers. Heureusement qu'à défaut de ces règlements, la jurisprudence a déclaré obligatoires pour ces tiers les usages de la Bourse à laquelle sont attachés les Agents dont ils emploient le ministère.

Cet état de choses a été profondément modifié par la loi des 28 mars-8 avril 1885 sur les marchés à terme. En reconnaissant la légalité de ces marchés, elle a fait disparaître la difficulté à laquelle on s'était heurté jusqu'alors.

Aussi, renouvelant les promesses de l'art. 90 du Code de commerce, l'art. 5 de cette loi a-t-il déclaré que les conditions d'exécution des marchés

---

(1) Cette Sous-Commission était composée de MM. Laplagne-Barris, président à la Cour de cassation ; Devinck, juge au Tribunal de commerce de la Seine ; Bailly, directeur de la Dette publique ; Courpon, syndic des Agents de change de Paris ; Mollot, avocat à la Cour de Paris.

à terme, par les Agents de change, seraient fixées par le règlement d'administration publique, qu'on attendait depuis près de 80 ans.

Pour se conformer aux prescriptions de cet article, un de vos honorables prédécesseurs, Monsieur le Ministre, a chargé une Commission extra-parlementaire (1) de préparer ce projet de réglement.

Je viens en son nom vous rendre compte de ses travaux.

La Commission a consacré 38 séances, du 16 juillet 1887 au 6 juillet 1889, à l'examen des nombreuses et délicates questions, qu'elle a successivement abordées et résolues.

Un premier point l'a préoccupée.

Comment devait-elle comprendre sa mission ? Quelle en était au juste l'étendue ? Devait-elle se cantonner dans les limites tracées par l'art. 5 de la loi du 28 mars 1885, et se borner à élaborer un règlement pour les conditions d'exécution des marchés à terme ? Ne devait-elle pas plutôt élaborer le réglement général prévu par l'art. 90 du Code de Commerce pour la négociation et la transmission des effets publics et pour l'exécution des dispositions contenues dans le titre relatif aux Bourses de commerce et aux Agents de change.

Après en avoir référé au Ministre, de qui elle tenait ses pouvoirs, et sur son avis conforme, la Commission s'est décidée pour le second parti.

Outre qu'il eût été illogique de s'occuper des négociations à terme sans s'occuper de celles au comptant, il lui a paru que l'art. 5 de la loi du 28 mars 1885 n'était que le complément de l'art. 90 du Code de commerce, que la promesse faite par l'auteur de cette loi se rattachait à celle faite par le législateur de 1807, et que, si l'une de ces promesses était tenue, il était inadmissible que l'autre ne le fût pas.

Sous l'empire de ces idées, à l'instigation des représentants de M. le Ministre des Finances, la Commission a cru devoir, indépendamment

(1) Cette commission est composée de MM. J. Bozérian, sénateur, président ; André, banquier ; Bard, directeur des affaires civiles au Ministère de la Justice ; Baudelot, ancien président du Tribunal de Commerce de la Seine ; Berteaux, membre de la Chambre syndicale des Agents de change de Paris ; Gonse, conseiller à la Cour de cassation ; Hart, Syndic des Agents de change de Paris ; Liron (de) d'Airolles, directeur du mouvement général des fonds au Ministère des Finances : Nicolas, directeur du commerce intérieur au Ministère du Commerce ; Prévost, directeur de la Dette inscrite au Ministère des Finances ; secrétaire : M. Gaston Bozérian, sous-chef au Ministère de la Justice.

de la négociation des effets publics, s'occuper de l'organisation des Compagnies d'Agents de change.

Ce premier point résolu, il s'est agi d'en résoudre un second.

Ainsi que nous l'avons dit précédemment, chaque Compagnie d'Agents de change a son règlement. Or, si ces règlements se ressemblent sur beaucoup de points, sur un certain nombre ils sont dissemblables. En présence de cette diversité, comment faire un règlement uniforme ? Si la confection d'un règlement uniforme n'était pas possible, fallait-il faire un règlement spécial pour chaque Compagnie ? Fallait-il en faire un pour les Agents qui fonctionnent près des Bourses non pourvues de parquet ? fallait-il enfin en faire un autre pour ceux qui sont établis dans les villes où il n'existe pas de Bourse ?

La Commission a pensé que le meilleur moyen de résoudre ces difficultés consistait à faire un règlement composé d'un certain nombre de prescriptions pouvant s'appliquer à tous les Agents de change, et d'y ajouter celles qui pourraient s'appliquer le plus communément aux Agents constitués en Compagnie, de faire en un mot un règlement général, auquel chaque Compagnie pourrait, au moyen d'un règlement particulier approuvé par le Ministre des Finances, apporter telles additions qui seraient jugées nécessaires.

Pour la confection de ce règlement, la Commission a pris pour guide le Règlement de la Compagnie des Agents de change de Paris.

Avant d'en arrêter la rédaction définitive, la Commision a, par l'entremise de M. le Ministre des Finances et de M. le Ministre du Commerce, adressé un exemplaire du projet à tous les Agents de change de France, constitués ou non en Compagnie, en les invitant à vouloir bien lu transmettre leurs observations.

Toutes les observations qui lui sont parvenues ont été l'objet d'un examen attentif ; plusieurs ont été accueillies.

C'est après cet examen que la Commission a arrêté définitivement le texte du projet.

Le règlement, qui est intitulé Règlement concernant les Agents de change, se divise en quatre titres, subdivisés en chapitres et sections.

En voici les rubriques :

**TITRE Ier. — Organisation.**

Chapitre Ier. — Présentation. — Nomination. — Création et suppression d'Offices et de Parquets.

Chapitre II. — Chambres syndicales.

Chapitre III. — Assemblées générales.

Chapitre IV. — Honorariat.

Chapitre V. — Bailleurs de fonds intéressés.

Chapitre VI. — Personnel des Agents de change. — Fondés de pouvoir. — Commis principaux.

Chapitre VII. — Droits et obligations des Agents de change.

**TITRE II. — Négociations et livraisons.**

Chapitre Ier. — Dispositions générales.

Chapitre II. — Négociations d'effets publics et autres.

Section première. — Marchés au comptant.

Section deuxième. — Négociations judiciaires ou forcées.

Section troisième. — Marchés à terme.

Chapitre III. — Livraisons, oppositions et paiements.

Chapitre IV. — Négociations d'effets de commerce et de valeurs métalliques.

**TITRE III. — Cote du cours des valeurs.**

**TITRE IV. — Dispositions particulières.**

Si étendu que soit ce règlement, il est cependant incomplet. Il ne comprend, en effet, et ne résout que les questions auxquelles la Commission a reconnu un caractère de généralité. Quant aux autres, elle les a intentionnellement laissées de côté ; ainsi que nous l'avons dit précédemment, ces questions seront résolues par des règlements particuliers.

La Commission s'est en outre abstenue, autant que possible, de répéter les prescriptions relatives aux Agents de change, qui ont été édictées, soit par le Code de commerce, soit par les anciens édits, arrêts ou règlements demeurés en vigueur.

Ce règlement n'est pas un code; il complète la loi, il ne la remplace pas.

En terminant, Monsieur le Ministre, je crois devoir appeler votre attention sur quelques-unes des importantes questions qui ont plus particulièrement préoccupé la Commission ; les autres pourront être éclairées par la lecture des procès-verbaux joints au projet.

Ces questions sont relatives :

1° A l'étendue du monopole des Agents de change, pour la négociation des effets publics et autres;

2° A l'admission des valeurs à la Cote;

3° Au secret professionnel;

4° A la transmission de propriété des valeurs négociées en Bourse : titres au porteur, titres nominatifs, transferts d'ordre, liquidations centrales.

# I

## Monopole des Agents de change pour la négociation des effets publics et autres.

L'art. 76 du Code de commerce a attribué aux Agents de change, constitués de la manière prescrite par la loi, le droit exclusif de faire les négociations, non seulement des effets publics, mais encore des autres effets qui sont susceptibles d'être cotés.

Quels sont ces effets?

Vous n'ignorez pas, Monsieur le Ministre, les controverses qui se sont élevées à ce sujet.

Deux systèmes sont en présence :

Dans le premier, les effets susceptibles d'être cotés sont ceux qui, par leur nature intrinsèque, sont susceptibles d'être portés sur la Cote de la Bourse, alors même qu'ils n'y figurent pas. C'est le système qui a été développé en dernier lieu devant la Chambre des Requêtes de la Cour de cassation par M. le conseiller Ballot-Beaupré. Le rapport de ce magistrat est reproduit *in-extenso* dans le traité de M. le conseiller Crépon, sur la négociation des effets publics et autres (n° 71).

Dans le second système, qui a été consacré par un arrêt de la Chambre civile du 1er juillet 1885, ces effets sont ceux qui ont été jugés, par la Chambre syndicale des Agents de change, aptes à être portés sur la Cote officielle de la Bourse.

Suivant M. le conseiller Crépon, au rapport de qui cet arrêt a été rendu sur les conclusions conformes de M. l'avocat général Desjardins (loc. cit.

n° 80), ce système ne violente pas le texte de la loi. « L'art. 76, dit-il, prend pour type l'effet public qui a toujours été considéré comme étant de droit inscrit à la Cote, et il assimile à l'effet public les autres effets, mais seulement quand ils auront été jugés susceptibles d'être admis à la Cote. Le juge, c'est la Chambre syndicale chargée de la Cote, maîtresse de la Cote; le jugement, c'est l'inscription même à la Cote : tant que ce jugement n'a pas été rendu, l'effet n'a pas rempli la condition imposée pour son assimilation avec l'effet public; il n'a pas encore paru susceptible d'être coté, et partant il ne rentre pas dans le monopole des Agents de change. »

Forte de l'autorité de la Cour de cassation, qui déclare que ce système n'est pas en opposition avec l'art. 76 du Code de commerce, la Commission lui a donné la préférence sur le premier, et elle l'a consacré par l'art. 47 du projet de règlement.

L'état présent du marché financier, son organisation, son mode de fonctionnement, la co-existence, non de droit, mais de fait, du marché officiel et du marché libre imposaient en quelque sorte l'adoption de cette solution.

Dans le premier système, qui pouvait être admissible à une époque plus ou moins voisine de la promulgation du Code de commerce, alors qu'en dehors des effets publics les Agents de change ne négociaient que quelques rares valeurs, dans le premier système, dis-je, le monopole des Agents de change était presque absolu; il n'avait d'autres limites que celles qui avaient été si vaguement tracées par le Code de commerce.

Le second système a le mérite de la précision. Répondant à des besoins nouveaux, il leur donne une satisfaction qu'on peut juger nécessaire.

S'il restreint le monopole des Agents de change, il lui laisse une étendue qui correspond à celle de leurs occupations actuelles.

Ainsi que l'observe le savant magistrat dont nous venons de reproduire une citation, « ce système a l'immense avantage de faire bien clairement à chacun son domaine, de ne rien troubler, de consacrer légalement les conditions du marché financier.

« Aux Agents de change, aux seuls Agents de change, le marché des valeurs cotées; à tous, Agents de change, coulissiers, banquiers, etc., le marché des valeurs non cotées; marché des valeurs cotées, marché en Bourse, marché fermé à tous autres intermédiaires que ceux institués par la loi; marché des valeurs non cotées, marché en banque, marché libre.

» Et ainsi chacun a sa place faite, et légalement faite, le parquet comme la coulisse. »

On a formulé contre ce système une objection pratique.

Vous faites, dit-on, résulter le privilège des Agents de change sur la négociation d'une valeur de cette circonstance que cette valeur a été admise à la Cote par la Chambre syndicale.

Mais quelle est cette Chambre? Est-ce, à l'exclusion des autres, la Chambre syndicale des Agents de change de Paris qui serait ainsi la Chambre régulatrice? Ou bien les Chambres syndicales auront-elles une compétence territoriale, de façon que sur telle place la négociation d'une valeur appartiendra exclusivement aux Agents de Change, tandis que sur d'autres cette négociation appartiendra à tous les intermédiaires?

La Commission n'a pas pensé qu'il convînt d'attribuer à la Chambre syndicale des Agents de change de Paris une situation privilégiée, de telle sorte que ses décisions relatives à l'admission à la Cote dussent avoir pour résultat de laisser ouvertes ou de fermer, dans toute la France, les portes du marché libre. Il est un certain nombre de valeurs, des valeurs minières ou des valeurs maritimes, par exemple, qui ne sont pas cotées à la Bourse de Paris, et qui le sont, au contraire, dans d'autres Bourses, où elles sont couramment négociées.

La Commission a pensé qu'il convenait de mettre toutes les Chambres syndicales sur un pied de complète égalité. Dès qu'une de ces Chambres aura décidé l'inscription d'une valeur à la Cote, cette valeur ne pourra plus, sur aucune place, être négociée que par les Agents de change.

Elle a, en conséquence, libellé de la façon suivante l'art. 47 du règlement : « Les Agents de change ont seuls le droit de faire les négociations des effets publics et autres, qu'une (au lieu de la) Chambre syndicale a reconnus susceptibles d'être admis à la Cote officielle de la Bourse, conformément aux dispositions de l'art. 87. »

Si l'Agent auquel on s'adressera ne peut effectuer la négociation à la Bourse près de laquelle il exerce, il la fera effectuer par un correspondant là où la négociation sera possible : c'est d'ailleurs ainsi que les choses se passent dans la pratique.

Il va de soi d'ailleurs que, si les Agents de change n'ont pas le droit exclusif de négocier les valeurs non admises à la Cote, ils ont cependant le droit de les négocier concurremment avec tous autres intermédiaires; c'est ce que décide l'art. 48 du règlement.

## II

### Admission à la Cote

Dans le paragraphe précédent, j'ai appelé votre attention, Monsieur le Ministre, sur l'étendue du monopole des Agents de change; comme vous l'avez vu, il ne porte, d'après le projet de règlement que sur les effets publics ou autres, qu'une Chambre syndicale a reconnus susceptibles d'être admis à la Cote officielle de la Bourse.

Il convient maintenant d'appeler votre attention sur les pouvoirs de la Chambre syndicale au point de vue de cette admission.

Sur ce point, l'art. 155 du Règlement de la Compagnie des Agents de change de Paris s'exprime ainsi : « La Chambre syndicale, sous l'autorité du Ministre des finances, a tout pouvoir pour accorder, refuser, suspendre ou interdire la négociation d'une valeur autre que les fonds d'Etat français à la Bourse de Paris, soit au comptant, soit à terme.— Elle se fait remettre, à cet effet, toutes les pièces justificatives et les renseignements qu'elle juge nécessaires. »

Cet article, Monsieur le Ministre, a subi dans l'art. 87 du projet de règlement des modifications sur lesquelles je crois devoir vous fournir quelques explications.

En l'état, les valeurs qui se négocient à la Bourse peuvent se diviser en trois catégories :

1° Les effets publics français ;

2° Les valeurs françaises ;

3° Les valeurs étrangères.

Aucune loi n'a dit ce qu'il faut au juste entendre par ces mots : *effets publics*. On désigne communément sous ce titre les rentes sur les Etats, les titres de créance sur les départements, les villes, les communes, les provinces et les établissements publics. Les autres effets sont considérés comme des effets privés ou particuliers.

On n'a pas cru qu'il fût nécessaire de chercher à donner des définitions précises de ces mots pour une première raison, c'est que cette distinction entre les effets publics et les autres a perdu une grande partie de son importance depuis l'abrogation, par la loi du 28 mars 1885, des art. 421 et 422 du Code pénal, relatifs aux paris sur la hausse ou la baisse des effets publics ;

elle n'en a plus conservé qu'au point de vue de l'art. 419, qui punit les manœuvres frauduleuses employées pour fausser les cours des effets publics.

Il existe d'ailleurs une autre raison, c'est que le projet de règlement a dû employer des divisions un peu différentes pour déterminer les pouvoirs de la Chambre syndicale sur la Cote.

A ce point de vue, l'art. 87 du projet distingue:

1° Les fonds d'Etat français;

2° Les autres effets publics français;

3° Les valeurs françaises;

4° Les valeurs étrangères de toute nature.

Aucun débat ne s'est élevé dans le sein de la Commission au sujet des deux premières et de la quatrième catégorie de ces valeurs.

Il ne pouvait d'ailleurs s'en élever.

En ce qui concerne les effets publics français, il est de règle que leur inscription à la Cote est de droit.

Cette règle a été consacrée par l'art. 87; seulement, une distinction a été établie entre les fonds d'Etat et les autres effets publics.

Les premiers seront portés obligatoirement à la Cote, au comptant et à terme; les seconds ne seront portés obligatoirement qu'à la Cote au comptant. La Chambre syndicale appréciera s'ils doivent, en outre, être portés à la Cote à terme; cela dépendra de l'importance de la valeur et de celle des négociations.

En ce qui concerne les valeurs étrangères, la question a été réglée, d'abord par l'ordonnance royale du 12 novembre 1823, spéciale aux fonds d'État(1), et en dernier lieu par le décret des 6-8 février 1880, dont les art. 1 et 5 sont ainsi conçus:

« Art. 1. — Les Chambres syndicales des Agents de change, à Paris ou dans les départements, accordent, refusent, suspendent ou interdisent la négociation, à leurs Bourses respectives, des actions, obligations, titres d'Emprunts, quelle que soit d'ailleurs leur dénomination émanant de

(1) Cette ordonnance a été expliquée par deux lettres du Ministre des Finances des 12 novembre 1825 et 12 août 1873. Aux termes de ces documents, l'approbation du Ministre doit intervenir avant l'inscription sur la Cote officielle. C'est pourquoi la Commission n'a pas cru devoir établir de distinction entre les fonds d'État étrangers et les autres valeurs étrangères.

sociétés, compagnies, entreprises, corporations, villes, provinces étrangères, et tous autres établissements étrangers.

» Art. 5. — Le Ministre des finances peut toujours interdire la négociation, en France, d'une valeur étrangère. »

L'art. 4 détermine, en outre, les conditions que les actions des Sociétés étrangères doivent réunir pour pouvoir être admises à la Cote.

Relativement à ces valeurs, le projet de règlement s'exprime ainsi :

« L'approbation du Ministre des finances est obligatoire pour l'admission à la Cote des valeurs étrangères.

» Le Ministre peut toujours interdire la négociation de ces valeurs. »

Le second de ces paragraphes reproduit purement et simplement l'art. 5 du décret de 1880 ; quant au premier, il en est le corollaire logique. Si, en effet, le Ministre peut à tout moment interdire la négociation des valeurs étrangères, il est naturel qu'avant de les admettre à la Cote, la Chambre s'assure de l'autorisation ministérielle. On ne comprendrait pas que le Ministre pût se renfermer dans un silence énigmatique, et que, saisi de la demande, il pût, sans formuler de réponse négative, s'abstenir d'une réponse affirmative. Si l'obligation d'une réponse ne résulte pas du décret de 1880, il importe qu'elle résulte de celui qui sanctionnera le présent projet de règlement.

Restent les valeurs françaises autres que les effets publics.

A cet égard, l'art. 155 du Règlement des Agents de change de Paris porte que la Chambre syndicale a tout pouvoir, sous l'autorité du Ministre des finances, pour accorder, refuser, suspendre ou interdire la négociation de ces valeurs.

Ce sont les termes mêmes dont s'est servi le décret du 6 février 1880 sur les valeurs étrangères.

La Chambre syndicale n'est pas absolument omnipotente, puisqu'elle agit sous l'autorité du Ministre.

Comment s'exerce cette autorité ?

En fait, quand la Chambre syndicale se propose d'admettre une valeur à la Cote, elle en donne avis au Ministre des finances.

Quand un certain nombre de jours s'est écoulé sans qu'aucune observation ait été présentée par le Ministre, la Chambre considère ce silence comme une approbation tacite. Une réponse n'est adressée par le Ministre aux communications de la Chambre syndicale que lorsqu'il s'agit d'obligations et d'autres valeurs, qui doivent entraîner l'inscription à la Cote d'une mention de garantie de l'État, des départements ou des communes.

Si le Ministre a des objections à présenter, ces objections donnent lieu à un échange d'observations à la suite desquelles la Chambre prend une décision. Cette décision est nécessairement conforme aux intentions du Ministre, puisque la Chambre est soumise à son autorité.

Cette pratique a été critiquée par divers membres de la Commission, qui auraient voulu qu'on adoptât un système autre que celui de l'approbation tacite ou du veto déguisé.

Les uns auraient voulu que la Chambre syndicale fût omnipotente et complètement indépendante de l'autorité ministérielle; les autres étaient partisans d'un système absolument opposé, celui de l'omnipotence ministérielle : dans ce système, c'est le Ministre qui aurait eu tout pouvoir pour accomplir les actes énumérés par l'art. 155 du Règlement des Agents de change de Paris.

Le système de l'émancipation de la Chambre syndicale n'a pas paru acceptable; quant à celui de l'omnipotence ministérielle, on a reculé devant ses conséquences.

En effet, si le Ministre avait un droit absolu de décision, il faudrait, par contre, qu'il eût l'obligation complète de la responsabilité.

Cette responsabilité, qui présentement, en l'état de la jurisprudence, pèse sur la Chambre syndicale, pèserait, à l'avenir, sur le Ministre seul.

Or, on sait, par le souvenir de mémorables débats judiciaires (affaires du Memphis el Paso and Pacific Rail Road), combien cette responsabilité peut quelquefois être lourde.

La Commission n'a pas cru devoir entrer dans cette voie, et, renonçant à trouver un système meilleur que celui qui existe, elle en a consacré le maintien.

Ces diverses considérations expliquent la rédaction de l'art. 87 du projet ; il est ainsi conçu :

« Les fonds d'État français sont portés de droit à la Cote, au comptant et à terme.

» Les autres effets publics français sont également portés de droit à la Cote, au comptant. La Chambre syndicale décide s'ils seront cotés à terme.

» Elle a tout pouvoir, sous l'autorité du Ministre des finances, pour admettre, refuser, suspendre et interdire la négociation des autres valeurs.

» Elle se fait remettre, à cet effet, toutes les pièces justificatives et les renseignements qu'elle juge nécessaires.

» L'approbation du Ministre des finances est obligatoire pour l'admission à la Cote des valeurs étrangères.

» Le Ministre peut toujours interdire la négociation de ces valeurs. »

## III

### Secret professionnel

Une question qui présente à la fois un grand intérêt pratique et théorique a été l'objet des discussions de la Commission; c'est celle qui a été résolue par l'art. 43 du projet de la Commission, et qui est relative au secret professionnel.

Ce secret est imposé aux Agents de change par tous les documents législatifs qui se sont succédé depuis et y compris l'arrêt du Conseil du 2 avril 1639; le règlement d'octobre 1716, celui du 30 avril 1720, l'arrêt du Conseil du 24 septembre 1724, et enfin l'article 19 de l'arrêté du 27 prairial an X contiennent, à cet égard, des prescriptions réitérées, et toutes également impératives.

Ce sont ces précédents (dit M. le conseiller Crépon, dans son ouvrage : « *De la négociation des effets publics et autres* », que nous avons eu déjà l'occasion de citer), c'est toute cette législation que la Cour de cassation a rappelée et confirmée dans son arrêt du 19 août 1823, qui se termine de la sorte :

« Considérant que le contrat ne se forme que par et entre les Agents » de change respectifs, qui stipulent en leurs noms personnels, pour le » compte de leurs commettants, et agissent, non comme des mandataires » des parties, mais comme de véritables commissionnaires, dans le sens » de l'art. 91 du Code de commerce; que l'art. 36 de l'arrêt du Conseil du » 24 septembre 1724 et l'arrêté du 27 prairial an X font même un devoir » aux Agents de change de garder *le secret le plus inviolable* aux parties

» qui les ont chargés de négociations; que de là il résulte que le vendeur » et l'acheteur, n'ayant aucune espèce de relations entre eux, ne peuvent » avoir d'actions directes l'un contre l'autre, mais seulement contre les » Agents de change, qui seuls ont consommé le marché ».

Depuis cette époque, de grands efforts ont été faits pour restreindre l'étendue du secret professionnel imposé aux Agents de change, et le résultat de ces efforts, soit dans la doctrine, soit dans la jurisprudence, a été une tendance à entrer dans une voie qui est certainement contraire au texte et à l'esprit de la loi.

Cette tendance s'est surtout manifestée à l'occasion des recours que prétendaient exercer les souscripteurs ou cessionnaires d'actions non entièrement libérées, et auxquels on réclamait les versements complémentaires.

La thèse, qui découle de cette tendance, a été exposée et défendue par M. Lyon Caen, dans une note sous l'arrêt de la Cour de Lyon, du 3 juillet 1883 (voir Sirey, 83-2-193 — p. 83-983).

« Elle avait paru un instant triompher dans des considérations quelque peu nuageuses, dit M. le conseiller Crépon (loc. cit. p. 274), contenues dans les arrêts de la Chambre civile du 21 juillet 1879, et surtout dans l'arrêt des requêtes du 8 août 1882. »

La Chambre civile de la Cour de cassation, dans son arrêt du 29 juin 1885, et après elle la troisième Chambre de la Cour de Paris, dans son arrêt tout récent du 29 mars 1889, ont vivement réagi contre cette tendance.

La Commission a pensé que l'obligation du secret absolu, renouvelée à maintes reprises, et qui a toujours été formulée dans des termes d'une énergie particulière, était de l'essence même des opérations faites en Bourse; qu'elle était la condition nécessaire de ces opérations; que, plus ces opérations ont acquis d'importance et de fréquence, plus les transactions et les placements en valeurs mobilières se sont multipliés, plus il importait de maintenir l'obligation du secret le plus inviolable pour les officiers ministériels qui en sont chargés. En conséquence, elle a tenu à renforcer les termes de l'art. 74 du règlement de la Compagnie des Agents de change de Paris, en leur substituant les prescriptions même de l'art. 19 de l'arrêté du 27 prairial an X : « Les Agents de change doivent garder le secret le plus » inviolable aux personnes qui les chargent de négociations, à moins que

» les parties ne consentent à être nommées, ou que la nature de l'opération » ne l'exige ».

S'inspirant des raisons qui ont inspiré déjà les rédacteurs de l'arrêté de prairial, la Commission a entendu par ces mots : « que la nature de l'opération ne l'exige », les opérations qui, par leur nature même, au moment même *où elles se consomment*, nécessitent que la règle de l'inviolabilité du secret reçoive une exception. Tels sont, comme le dit M. Crépon *(loco citato)*, les transferts de rentes, qui doivent être effectués dans l'intérêt d'un incapable, ou d'un établissement public; il est évident que, pour ces sortes de transferts, les autorisations qui sont nécessaires, les autorisations préalables qui doivent être demandées et obtenues, placent ces opérations dans des conditions où le secret n'est pas possible; il en est de même pour les négociations de lettres de change, qui exigent la présentation de l'effet et la signature du cédant.

Mais il faut des conditions de cette nature pour que la règle puisse fléchir; et non seulement il n'y a pas lieu de se montrer aujourd'hui moins sévère dans l'application de cette règle, d'admettre plus facilement qu'on ne le faisait autrefois, que la nature de l'opération fait à l'Agent de change une obligation de révéler le nom de son commettant, mais il faut, au contraire, maintenir plus rigoureusement que jamais l'obligation du secret dans toute son inviolabilité; l'intérêt général le commande, et cet intérêt supérieur doit primer les intérêts particuliers qui peuvent en souffrir.

C'est au moment même où l'opération se consomme qu'il faut se reporter, pour décider si l'obligation du secret peut subir une exception. Donc, si des actions ont été négociées sous la forme au porteur, et si, postérieurement à la négociation, une décision de justice venait à déclarer que les actions étaient, au regard de la loi, restées nominatives, ainsi que cela a eu lieu, par exemple, pour les actions du *Crédit Rural*, il ne pourrait être question d'obliger l'Agent de change à révéler le nom de son commettant, comme l'a décidé l'arrêt des requêtes du 8 août 1882, parce que la nature de l'opération, *au moment même où elle a été effectuée* (s'agissant de titres négociés, à tort peut-être, mais en fait négociés sous la forme au porteur), non seulement n'exigeait pas cette révélation, mais bien au contraire l'interdisait de la façon la plus formelle.

En adoptant cette manière de voir, la Commission a cru s'inspirer des vrais principes qui régissent la matière et se conformer à la jurisprudence ancienne de la Cour de cassation, jurisprudence qu'elle n'a désertée qu'en 1882, et à laquellle la Cour régulatrice est revenue par son célèbre arrêt du 29 juin 1885.

Les principes que consacre cet arrêt, dit M. le conseiller Crépon, sont clairs et formels ; ils doivent être opposés aux solutions contraires de l'arrêt des requêtes du 8 août 1882, car la doctrine de ce dernier arrêt est certainement en contradiction avec celle adoptée par la Chambre civile le 29 juin 1885.

La commission a cependant cru nécessaire de reproduire, avec une légère modification, dans le deuxième paragraphe de l'art. 43, une addition que le règlement de la Compagnie des Agents de change de Paris, et après lui ceux des diverses Compagnies de province, avaient fait au texte de l'art. 19 de l'arrêté du 27 prairial an X. Voici l'addition que la commission a adoptée :

« Sans préjudice des droits de la justice, et du droit d'examen et d'investigation qui appartient à la Chambre syndicale. »

Fidèle aux principes exposés plus haut, et n'admettant jamais que le secret professionnel puisse fléchir devant un intérêt privé, civil et commercial, la commission n'a pourtant pas pensé qu'elle pouvait passer sous silence les termes ajoutés par les règlements, et paraître ainsi intentionnellement limiter les droits de la justice, tels qu'ils existent aujourd'hui et tels qu'ils sont reconnus dans la pratique en matière criminelle.

Mais, en agissant ainsi, elle n'a eu nullement l'intention d'affaiblir en quoi que ce soit la rigueur de l'obligation du secret, telle qu'elle a été établie par l'arrêté du 27 prairial an X, et qu'elle résulte de la jurisprudence rappelée plus haut.

Elle a également pensé qu'en consacrant le droit d'examen et d'investigation de la Chambre syndicale, elle ne faisait pas échec au principe de l'inviolabilité du secret.

Les membres de la Chambre syndicale sont doublement tenus au secret, en leur qualité d'Agents de change et d'adjoints au Syndic, et il n'y a pas à craindre que leurs investigations et leur examen puissent aboutir jamais à la violation du secret, dont mieux que personne ils doivent connaître l'impérieuse nécessité.

# IV

**Comment se transmet la propriété des valeurs négociées en Bourse. — Titres au porteur. Titres nominatifs. Transferts d'ordre. Liquidations centrales.**

Cette question est une des plus délicates qui se soient présentées à l'examen de la Commission. Nous avons eu l'occasion de nous en préoccuper à diverses reprises, notamment au sujet des livraisons, des marchés à terme, de la liquidation centrale, des rachats officiels et des transferts d'ordre.

Quelques-uns des membres de la Commission avaient exprimé l'opinion que la transmission de propriété des valeurs négociées en Bourse s'opérait au moment même de la négociation; ils pensaient que, l'acheteur et le vendeur étant d'accord sur la chose et sur le prix, la vente se trouvait parfaite entre les parties, et que la propriété était acquise de droit à l'acheteur à l'égard du vendeur, en vertu de l'article 1583 du Code civil, et cela même lorsque la chose n'a pas encore été livrée, ni le prix payé.

Mais il a été observé que les clients vendeurs et acheteurs n'ont aucune relation directe entre eux : Comme le dit M. le conseiller Crépon dans son ouvrage si souvent cité par nous, page 264. « Qui vend ? un » Agent de change. Qui achète ? un Agent de change. L'un vend en son nom » personnel, l'autre achète en son nom personnel; ils agissent tous deux » comme commissionnaires, sans qu'à un seul instant apparaisse le nom, » la personne de leurs commettants, qui, au regard l'un de l'autre, restent » absolument inconnus et absolument étrangers; aucun lien de droit ne s'est » formé, n'a pu se former entre les commettants respectifs; ils ne sont pas » réciproquement vendeur et acheteur; pour chacun d'eux vis-à-vis de » l'autre l'opération est *res inter alios acta*. C'est ce que les arrêts de la » Cour de cassation ont formellement dit; c'est ce qu'elle a déclaré en » termes très énergiques dans son arrêt du 19 août 1823, et ce qui a été » rappelé et confirmé dans des arrêts postérieurs. » (Voir notamment l'arrêt » du 13 juillet 1859.)

C'est là du reste un effet et une suite de cette obligation rigoureuse du secret professionnel, que la Commission, fidèle à tous les précédents, a consacrée dans l'art. 43 du projet.

« A raison de cette obligation du secret, comme le dit Monsieur le » professeur Lyon Caen, *Précis de Droit commercial*, n° 1492, il faut que » les opérations se passent entre les Agents de change, et non entre leurs » clients... Ainsi les Agents de change agissent pour le compte d'autrui, » mais en leur nom personnel. Par suite, l'opération de Bourse qui consiste » toujours dans une vente ne fait naître d'obligations qu'entre les Agents » de change. Celles qui prennent naissance entre chaque client et son Agent » de change proviennent du mandat donné à celui-ci, et non de l'opération » qu'il a exécutée ; chaque client a donc seulement action contre son Agent » de change, pour lui faire rendre compte de l'exécution de son mandat. » Mais celui qui a fait vendre ou acheter des titres par un Agent de change » n'a pas d'action contre celui qui les a fait acheter ou vendre par l'inter- » médiaire d'un autre Agent de change. »

Ainsi du fait de la négociation opérée en Bourse par ministère d'Agent de change, le client vendeur et le client acheteur n'ont en réalité conclu aucun contrat direct entre eux ; d'autre part, l'Agent de change ne pouvant, aux termes mêmes de la loi, faire aucune opération pour son propre compte, il est évident qu'il ne peut être considéré que comme un intermédiaire *sui generis*, n'ayant d'obligations que celles qui lui sont imposées par la loi ou les usages.

De plus, aux termes mêmes du Code civil, la propriété de la chose vendue n'est transmise à l'acheteur que par la tradition, s'il s'agit de choses déterminées seulement *in genere*.

Or, il ne faut pas l'oublier, un usage commercial constant, d'accord avec les prescriptions du Code civil, consacré par le Règlement de la Compagnie des Agents de change de Paris et reconnu par la jurisprudence, (voir notamment l'arrêt de la Cour de Montpellier du 26 novembre 1885) veut que les négociations en Bourse s'effectuent sans désignation des numéros des valeurs négociées ; que ces négociations s'effectuent *in genere*, et que, comme conséquence, l'Agent de change ne soit en aucun cas obligé, ni vis-à-vis du vendeur, ni vis-à-vis de l'acheteur, de livrer au client acheteur les titres mêmes qui lui viennent de son vendeur, pourvu qu'il lui livre des titres de même nature, en nombre égal et se trouvant dans des conditions identiques.

La Commission a reconnu formellement ce principe général, qui s'applique aussi bien aux titres nominatifs qu'aux titres au porteur, et elle l'a consacré dans l'art. 80 du projet de règlement.

Il y avait là une pratique constante, immémoriale, qui ne pouvait être contestée au point de vue du droit, puisque ici le droit et les usages commerciaux sont parfaitement d'accord.

En essayant de la supprimer, on aurait apporté dans la plupart des cas les plus grandes entraves aux marchés et aux livraisons du comptant; on eût supprimé radicalement les reports, les marchés à terme et leur mode de règlement, les liquidations centrales.

Qu'est-ce qu'on vend? Qu'est-ce qu'on achète? Des choses fongibles que le vendeur a, jusqu'au moment de la livraison, le droit de remplacer par d'autres de même nature, pourvu qu'elles soient en même quantité et dans des conditions identiques; des titres *in genere*, dont la *spécialisation* ne s'effectue que par la livraison à la partie prenante, et cela aux termes mêmes du Code civil.

Ainsi, la propriété des effets publics et autres négociés en Bourse ne peut être transmise par le seul fait de la négociation; cette opération a pour résultat unique de créer des obligations réciproques. *En ce qui concerne le client vendeur*, obligation de livrer des choses pareilles à son Agent de change ou de lui fournir un autre vendeur accepté par lui, remplissant la même obligation. *En ce qui concerne l'Agent de change du vendeur :* 1° Obligation de prendre livraison des titres *in genere* et d'en payer le prix à son client, même en cas d'insolvabilité de sa contre-partie, non comme acheteur (il ne peut l'être aux termes mêmes de la loi), mais comme commissionnaire *sui generis* responsable vis-à-vis des tiers de la livraison ou du paiement des valeurs qu'il a achetées ou vendues (art. 13 du 27 prairial an X et art. 4 de la loi du 18 mars 1885); 2° obligation de livrer des choses pareilles à son confrère acheteur (sauf le cas d'extinction de l'obligation par voie de compensation). *En ce qui concerne l'Agent de change acheteur :* 1° Obligation de prendre livraison des titres de même espèce que son confrère lui présentera; 2° Obligation de livrer à son client des choses pareilles, même en cas d'insolvabilité de son confrère vendeur. *Enfin en ce qui concerne le client acheteur* : Obligation de prendre livraison des titres qui lui sont offerts et de payer le prix de la négociation.

## Titres au porteur

Ce qui transmet la propriété des titres au porteur, c'est la tradition des titres au client acheteur; peu importe que ces titres proviennent ou non de sa contre-partie, l'acheteur et le vendeur sont absolument étrangers l'un à l'autre, et, dans aucune circonstance, les Agents de change ne sont tenus à pratiquer l'application directe. Il convient d'ajouter que la Commission, dans l'art. 82 du projet de règlement, a décidé que l'attribution d'un titre fait sur les livres de l'Agent de change vaut livraison, parce que la *spécialisation* se trouve effectuée par cette attribution; mais la Commission n'a entendu limiter par l'art. 82 du projet, même après l'attribution des titres au client, ni le droit de rétention de l'Agent de change, ni le droit d'exécution qu'elle a consacré dans le deuxième paragraphe de l'art. 57 du projet. Ces droits, l'Agent de change les conserve dans leur intégralité, même après l'attribution, dans l'hypothèse où le client, n'ayant pas versé à son Agent de change le montant de la négociation, verrait revendre d'office les titres à lui attribués; mais, dans ce cas, la propriété de ces titres n'en aurait pas moins reposé sur la tête du client depuis le moment de l'attribution jusqu'à celui de la revente d'office des titres, et cela avec tous les avantages et toutes les charges que comporte la transmission de propriété.

## Titres nominatifs

La négociation des titres nominatifs s'effectue d'une manière absolument semblable à celle des titres au porteur; par conséquent, les règles que nous avons exposées plus haut, à propos des titres au porteur, s'appliquent également aux titres nominatifs.

Ces titres se négocient *in genere*; vendeur et acheteur restent inconnus et étrangers l'un à l'autre; dans la plupart des cas, même quand les compensations ne s'imposent pas (à terme comme au comptant), le cédant ne transfère pas directement les titres à un cessionnaire réel, mais bien à un Agent de change.

Cet Agent régularise alors lui-même le transfert d'ordre au profit d'un cessionnaire.

Jusqu'à ce que le transfert ait été opéré, soit au nom de l'Agent de change (transfert d'ordre), soit au nom d'un client cessionnaire (quand il n'y a pas de transfert d'ordre), le vendeur conserve le droit de livrer indistinctement tel ou tel titre, même de s'en procurer par voie d'achat ou de compensation. On doit donc en conclure que ce qui transfère la propriété du titre nominatif, toutes les fois où il n'est pas procédé à un transfert d'ordre, c'est la régularisation du transfert au nom du nouveau titulaire. C'est là la théorie que consacre l'ouvrage de M. Buchère, conseiller à la Cour d'appel de Paris (*Traité théorique et pratique des valeurs mobilières et effets publics*, nº 1243) : « En principe, dit ce magistrat, la propriété des titres nominatifs » est établie, s'il s'agit de rentes sur l'Etat, par une inscription sur les » registres du Trésor, et pour les autres valeurs par une mention sur les » registres de la Société. Cette inscription, véritable titre du possesseur, » contient une preuve complète de sa propriété, qui ne peut pas être » détruite par de simples présomptions, à moins qu'il ne soit argué de dol » ou de fraude. »

Il pourra parfois arriver que l'Agent de change de l'acheteur ait fait transférer les titres à son client, sans avoir, au préalable, reçu le montant de la négociation ; en ce cas, l'Agent de change pourrait, à son choix, en poursuivre en justice le paiement, ou bien, en cas d'insolvabilité du client, user de son droit de rétention et faire procéder à la revente d'office des titres dans les conditions du présent règlement. Dans cette dernière hypothèse, si le client refusait sa signature pour le transfert, il est évident que l'Agent de change aurait à se pourvoir en justice, où il obtiendrait l'autorisation de procéder à ce nouveau transfert, même sans l'intervention du client qui aurait manqué vis-à-vis de lui à ses engagements.

## Transferts d'ordre

Il nous reste à examiner la question des transferts d'ordre et les raisons qui, en ce cas, ont fait adopter à la Commission une règle spéciale pour la translation de propriété.

Les transferts d'ordre, dont l'usage remonte à plus de 60 ans (nous en trouvons la preuve dans une décision de la Chambre syndicale des Agents de change de Paris du 28 avril 1828), sont exigés pour les plus impérieuses nécessités de la pratique ; la direction de l'Enregistrement les a toujours reconnus.

Lorsque l'Agent de change n'est pas en mesure de remettre dans les délais prévus par les règlements, soit les noms des acheteurs, soit leurs acceptations, il peut faire provisoirement effectuer le transfert à son nom ; ces transferts constituent les transferts d'ordre ou de forme.

Ces sortes de transferts soulèvent de très-délicates questions, tant au point de vue fiscal qu'à celui de la transmission de propriété. Dans de certains cas aussi, ils ont fait encourir aux Agents de change des responsabilités graves, notamment à raison des versements complémentaires sur des actions incomplètement libérées.

En effet, la jurisprudence a, dans de certains cas, considéré comme véritables propriétaires des actions, les Agents de change, qui n'en avaient été réellement titulaires qu'en vertu de transferts d'ordre ou de forme.

Il est vrai que dans les espèces soumises aux Cours et Tribunaux, les délais accordés par l'Enregistrement avaient été largement dépassés, et que diverses circonstances de fait, plus ou moins bien expliquées à la barre, avaient frappé les magistrats.

Parmi ces circonstances, une surtout paraît avoir fait impression : c'est la non-concordance des cours portés sur les transferts effectués aux noms des Agents de change, avec ceux portés sur les transferts aux noms des clients titulaires définitifs.

De cette non-concordance, la jurisprudence paraît avoir tiré cette conclusion : que l'Agent de change avait fait acte de véritable propriétaire, puisqu'il avait disposé des titres avec un écart de prix.

Or, cette non-concordance n'a, en réalité, ainsi que cela a été expliqué à la Commission, aucune importance. D'une part, les valeurs se négociant, comme nous l'avons vu, sans aucune désignation de numéros, il en résulte qu'il n'y a pas, le plus souvent, identité entre les titres livrés par le vendeur et ceux qui sont remis à l'acheteur, les croisements étant le fait normal, et l'application directe l'exception ; d'autre part, les Sociétés exigent pour la plupart, avant de procéder aux transferts sur leurs livres, que les cours portés sur les feuilles de transfert et d'acceptation soient sensiblement les mêmes que ceux pratiqués les jours précédents.

Cette préoccupation des Sociétés s'expliquait surtout dans la période qui a précédé janvier 1882 : les valeurs poursuivaient une marche ascensionnelle non interrompue ; d'une quinzaine à l'autre, d'un jour à l'autre souvent, il se produisait des différences considérables, et toujours dans le sens de la hausse. Les Sociétés, en procédant à des transferts où les véritables cours des négociations auraient été indiqués, auraient craint d'être inquiétées par l'Enregistrement, dont elles n'auraient pas respecté les exigences.

Mais ces cours étaient purement de forme, et pour la perception des droits de mutation, non seulement le client acheteur ne payait que le prix de la négociation au cours où elle avait été effectuée, mais encore il n'acquittait l'impôt de transfert que sur ce prix véritable, tout supplément d'impôt restant à la charge de l'Agent de change.

Ainsi, malgré la non-concordance des cours, il n'y avait, de la part des Agents de change condamnés ni acquisition réelle, ni revente de titres.

La Commission, tout en estimant que si, actuellement, des procès de cette nature venaient à être soulevés, les solutions à intervenir seraient sans doute différentes, a néanmoins pensé qu'il importait de mettre un terme à cette situation anormale, et qu'il fallait déterminer nettement les droits et les obligations des Agents de change en matière de transferts d'ordre.

Elle a consacré la pratique de ces transferts; mais elle a pensé, en même temps, qu'il était utile d'apporter pour l'avenir certaines modifications à cette pratique et de poser certaines règles, afin de ne pas laisser la propriété en suspens plus longtemps que cela n'était absolument nécessaire.

Elle a décidé, en conséquence, que, lorsqu'un Agent de change aura eu des titres inscrits à son nom, en vertu d'un transfert d'ordre, il devra, à l'avenir, procéder à l'attribution des titres aux cessionnaires, dès la réception du transfert, c'est-à-dire dès la réception des titres provisoirement inscrits à son nom.

C'est cette attribution qui spécialisera les titres, transférera réellement la propriété et rendra le cessionnaire, auquel les titres auront été attribués, rétroactivement propriétaire à dater du transfert effectué par le vendeur au nom de l'Agent de change.

L'attribution sur les livres de l'Agent de change des titres résultant du transfert d'ordre au nom d'un cessionnaire définitif, effectuera la transmission de propriété en la fixant sur la tête de ce cessionnaire qui, en aucun cas, ne sera obligatoirement l'acquéreur même, l'application directe étant impossible, ainsi que nous l'avons reconnu.

De cette façon, la propriété ne restera pas plus en suspens qu'en matière de command. Si des lots ou des avantages quelconques sont attachés aux titres, comme aussi si des charges résultent de leur possession, ces lots, ces avantages et ces charges incomberont rétroactivement à l'attributaire, à la date du transfert d'ordre.

Ainsi, tant que le transfert d'ordre n'aura pas été effectué, les titres resteront, nonobstant la négociation, la propriété du vendeur, qui sera seulement obligé à livrer des choses pareilles.

Jusqu'à la réalisation du transfert d'ordre, le vendeur aura le droit de retirer tout ou partie de ses titres nominatifs, même quand il les aura remis à son Agent de change, à la seule condition de les remplacer par d'autres de même nature et se trouvant dans les mêmes conditions de négociation.

Le transfert du nom de l'Agent de change titulaire, en vertu d'un transfert d'ordre, au nom du cessionnaire définitif auquel auront été attribués les titres, régularisera et consommera les effets de l'attribution.

Ici se placent les difficultés signalées par M. le Directeur général de l'Enregistrement, des Domaines et du Timbre, dans sa lettre du 23 novembre 1888 à M. le Directeur du Mouvement général des Fonds, ainsi que les solutions que la commission a cru devoir adopter après mûr examen.

« Dans la pratique, dit M. le Directeur général de l'Enregistrement,
» lorsqu'une personne veut faire vendre à la Bourse des titres dont elle est
» nominalement propriétaire, elle souscrit, au profit de son Agent de
» change, un bordereau de transfert sur lequel l'Administration de l'Enre-
» gistrement ou, pour elle, l'établissement débiteur du montant des titres
» (Loi du 20 juin 1857 art. 7), perçoit le tranfert à 0.50 c. °/₀ calculé
» d'après la valeur négociée (Lois des 30 mars 1872, art. 1, § 2, 29 juin
1872, art. 3). »

L'Agent de change du client vendeur souscrit un nouveau transfert d'ordre en faveur d'un confrère acheteur, et celui-ci régularise le transfert au profit d'un cessionnaire définitif sans nouvelle perception de droits.

« Les art. 61 et 62 du projet de règlement (numérotage provisoire,
» devenus 59 et 60 du projet définitif) ne prévoient que les rapports des deux
» Agents de change qui interviennent dans une négociation ou ceux de l'Agent
» acheteur avec son client. Peut-être conviendrait-il de règlementer égale-
» ment, ou tout au moins de prévoir, les transferts à opérer entre le
» vendeur et son Agent de change, ajoute M. le Directeur général de
» l'Enregistrement. »

L'utilité de ce double transfert d'ordre au sujet duquel M. le

Directeur de l'Enregistrement signalait le silence du projet de règlement d'administration publique, a été soutenue au nom des Agents de change avec une particulière insistance dans le sein de la commission (36e séance).

Néanmoins celle-ci n'a pas jugé qu'il fut indispensable d'autoriser pour l'avenir cette pratique ; elle a pensé que les Agents de change trouveraient désormais d'autres procédés pour s'assurer que les transferts pouvaient s'effectuer sans retards, et que les sociétés débitrices des titres imagineraient également d'autres méthodes pratiques pour régulariser rapidement les transferts, lorsque, comme cela a lieu pour la Banque de France, elles ont des actions inscrites sur les registres de leurs succursales.

La Commission a reconnu d'une façon complète pour le passé les pratiques antérieures en matière de transfert d'ordre ; mais elle a entendu en même temps pour l'avenir en limiter l'emploi aux seules circonstances qui lui ont paru nécessiter impérieusement les transferts d'ordre.

« D'après les dispositions du projet de règlement d'administration » publique, continue la lettre précitée, l'Agent de change acheteur donne à » l'Agent de change vendeur avant la Bourse qui suit celle où la négociation » a été faite (c'est-à-dire dans les 24 heures au plus tard, sauf le cas de » jours fériés), un bulletin signé de lui destiné à faire titre à la négociation » et indiquant notamment les noms et prénoms des personnes auxquelles » le transfert doit être fait.

» Lorsque l'Agent de change acheteur n'est pas en mesure de remettre » immédiatement les noms de ses clients, ou leur acceptation s'il y a lieu, » il peut faire effectuer provisoirement le transfert à son nom.

» Le transfert ainsi effectué constitue un transfert d'ordre ou de » forme, à condition que l'attribution des titres au cessionnaire soit opérée » sur les livres de l'Agent de change dès la réception du transfert.

» Le règlement ne fixe pas expressément le délai dans lequel doit être » opéré le transfert d'ordre ; comme ce transfert a pour but de remplacer » la formalité de la remise du bulletin décrit dans l'art. 61 (devenu 59), on » peut soutenir que le transfert doit avoir lieu dans le délai imparti pour » la délivrance du bulletin. Toutefois, afin de prévenir toute contestation, » la rédaction de l'art. 62 (devenu 60) pourrait être, ce semble, complétée » de la manière suivante : Le transfert ainsi effectué dans le délai fixé par » l'article précédent pour la remise du bulletin constitue un transfert » d'ordre ou de forme.

» Cette addition paraît d'autant plus nécessaire que c'est la date du » transfert d'ordre qui fait courir le délai de dix jours accordé par le Règle- » ment pour consommer la négociation par l'inscription des titres au nom » de l'acheteur. »

L'art. 62 (devenu 60) contient *in fine* une disposition ainsi conçue : « Le transfert des titres du nom de l'Agent de change au nom du cession- » naire définitif ne donne pas ouverture au paiement des droits de trans- » mission. On peut élever des doutes sérieux sur l'utilité, voire même sur » la légalité de cette stipulation.

» Aux termes de l'art. 6 de la loi du 23 juin 1857, toute cession de titres » ou promesses d'actions et d'obligations dans une société, compagnie ou » entreprise, est assujettie au droit de transmission sur la valeur négociée. » En vertu de la loi du 16 septembre 1871 (art. 11), le même droit atteint » les obligations des départements, des communes, des établissements » publics et du Crédit Foncier

» Si l'art. 4 du décret du 17 juillet 1857 énonce que les transferts faits » à titre de garantie et n'emportant pas transmission de propriété ne seront » pas comptés pour la liquidation de l'impôt de transmission, cette dispo- » sition est légale comme étant prise en conformité de la délégation » consentie par le législateur au pouvoir exécutif dans l'art. 9 de la loi du » 23 juin 1857.

» Mais le gouvernement n'a-t-il pas épuisé les pouvoirs à lui concédés » par cet article en rendant le décret règlementaire du 17 juillet 1857 ? Est-il » fondé aujourd'hui à créer par un nouveau règlement, étranger à la loi » fiscale du 23 juin, une exception à la règle générale déposée dans » l'art. 6 de cette loi ?

» La négative peut être sérieusement soutenue.

» Si, en fait, l'administration de l'Enregistrement croit reconnaître » que certains transferts n'emportent pas transmission de propriété, qu'ils » ne sont que le complément d'une mutation, ou d'un transfert antérieur » ayant supporté régulièrement l'impôt, elle ne manquera pas de leur faire » l'application de la règle, *non bis in idem* (V., en ce sens, Instructions » générales n° 2111-3). Mais ce sera là, toujours, une question de fait ou » d'appréciation, dont la solution dépendra des circonstances, et qui ne » paraît pas devoir être tranchée par une décision règlementaire. »

D'après ces considérations, M. le Directeur général de l'Enregistrement estimerait que le dernier alinéa de l'art. 62 (devenu 60) du projet de règlement devrait être supprimé.

La Commission, après avoir pris connaissance de la lettre ci-dessus relatée de M. le Directeur général de l'Enregistrement, et après avoir entendu M. Tiphaigne en ses observations verbales, a décidé, à la suite d'une discussion approfondie, de donner à l'Administration les satisfactions qu'elle désirait, en ce qui lui a paru conciliable avec les nécessités de la pratique.

Elle a commencé par modifier le texte primitif du § 2 de l'art. 61 (devenu 59) du projet. Fidèle au principe qu'elle avait adopté, de restreindre, autant que faire se pourrait, la pratique des transferts d'ordre, elle a pensé que le délai imparti par ce paragraphe devait être mis en rapport avec les délais usuels, afin de ne pas obliger les Agents de change à recourir aux transferts d'ordre à tout propos. Elle s'est rendu compte que la plupart des ordres de province se transmettent par le télégraphe ; que les Sociétés exigent que les signatures à fin d'acceptation ou de transfert soient données sur des formules imprimées, spéciales à chacune d'elles, distribuées seulement au siège social, que les Agents transmettent à leurs clients, par la poste, après exécution des ordres, et dont ils doivent attendre le retour avant de déposer les transferts ; qu'enfin les Agents de province sont obligés de faire l'envoi des pièces aux sièges des Sociétés, souvent fort éloignés, et que ces envois nécessitent un laps de temps d'une certaine étendue ; — dans ces conditions, une limitation trop rigoureuse des délais apporterait aux affaires des entraves considérables.

En conséquence, elle a décidé que la remise du bulletin, prévu par le § 2 de l'art. 61 (devenu 59), devrait avoir lieu avant la cinquième Bourse qui suit celle où la négociation a eu lieu.

Puis elle a également modifié le § 3 de l'article 61 (devenu 59) du projet au mot « *immédiatement* », que portait le projet primitif, et que M. le directeur général de l'Enregistrement avait trouvé trop élastique ; elle a substitué les mots « *dans ce délai* » ; quand l'Agent de change ne sera pas en mesure de remettre « *dans ce délai* », c'est-à-dire avant la cinquième Bourse qui suit celle où la négociation a eu lieu, soit les noms des acheteurs, soit leur acceptation, dans le cas où elle est nécessaire, il pourra faire effectuer provisoirement le transfert à son nom.

Dans ce cas, l'Agent aura un délai de dix jours pour régulariser le transfert au nom d'un cessionnaire définitif, et le point de départ de ce délai de dix jours sera, en tout état de cause, la date du transfert d'ordre au nom de l'Agent de change.

Plusieurs autres solutions avaient été proposées : la Commission les a toutes écartées ; elle a estimé que la règle qu'elle adoptait donnait satisfaction aux demandes de l'Administration, et qu'elle présentait le double avantage de préciser un point de départ fixe, que l'Agent de change ne pourrait ignorer (la date portée sur le transfert d'ordre, au nom de l'Agent de change), en même temps qu'elle empêchait la propriété de rester indécise pendant une période illimitée.

La propriété ne pourra pas rester indéfiniment en suspens, puisque l'art. 60 stipule qu'à l'avenir, et sous peine de transformer le transfert d'ordre en un véritable transfert réel, l'Agent de change devra opérer l'attribution des titres au cessionnaire dès la réception des titres inscrits à son nom.

Restait à examiner la partie des critiques de M. le directeur général de l'Enregistrement, qui s'adressaient au texte primitivement adopté par la Commission pour la fin de l'art. 60 (autrefois art. 62, numérotage provisoire).

« Le transfert des titres du nom de l'Agent de change au cessionnaire définitif ne donne pas ouverture au paiement du droit de transmission. »

M. le Directeur général, on s'en souvient, doutait de l'utilité, voire même de la légalité de cette prescription ; il admettait le principe posé dans le projet, mais il préférait qu'il n'en fût pas fait mention dans le Règlement.

La Commission, tenant compte des observations présentées, et reconnaissant ce qu'il y avait de juste dans les critiques qui lui reprochaient d'avoir posé un principe fiscal, mais constatant, d'autre part, que le pouvoir exécutif tenait de l'art. 90 du Code de commerce et de la loi du 28 mars 1885 les pouvoirs nécessaires pour trancher les questions de transmission de propriété des valeurs négociées par les Agents de change, a substitué le texte suivant à celui qu'elle avait primitivement adopté : « Le double transfert (en cas de transfert d'ordre) n'opère qu'une seule » transmission de propriété du vendeur au cessionnaire définitif. »

Ayant ainsi ramené son œuvre dans les limites strictes des pouvoirs qu'elle tenait de la loi, elle a pensé que la conséquence fiscale, l'exonération des Agents de change du droit de transmission en cas de transfert d'ordre, se déduirait clairement du principe par elle posé.

Elle a cru néanmoins nécessaire de se montrer plus explicite au sujet des conséquences que comportait le principe posé par elle en ce qui concerne les versements complémentaires, et elle a jugé utile de spécifier nettement « que, dans le cas où ces valeurs ne seraient pas entièrement » libérées, elles ne pourront donner lieu à aucun recours à raison de » versements à effectuer contre l'Agent de change, qui n'en a été provisoi- » rement titulaire qu'en vertu d'un transfert d'ordre. »

Mais les titres ne peuvent rester indéfiniment inscrits aux noms des Agents de change. La Commission, prenant pour base le délai usuellement consenti par l'administration, n'accorde à ces officiers ministériels qu'un délai de dix jours, à compter de la date du transfert d'ordre à leur nom, pour consommer le transfert et le réaliser au nom d'un cessionnaire définitif.

Il pourra arriver cependant qu'au moment de l'expiration du délai de dix jours consenti à l'Agent de change pour consommer l'opération de transfert d'ordre, les titres n'auront pu être encore inscrits au nom d'un cessionnaire définitif. Comment l'Agent de change pourra-t-il, dans ce cas, justifier qu'il n'a été inscrit sur les registres de la Société qu'en vertu d'un transfert d'ordre ou de forme ?

Plusieurs propositions ont été formulées ; toutes se résumaient en l'indication d'une caisse spéciale où l'Agent de change déposerait les titres provisoirement inscrits à son nom.

La Caisse des Dépôts et Consignations avait été indiquée ; mais la Commission n'a pas cru devoir accepter cette proposition à raison des formalités complexes, et souvent difficiles à remplir, que nécessitent les retraits de valeurs déposées dans cette caisse.

Elle s'est ralliée à la proposition qui consistait à prescrire le dépôt des titres provisoirement inscrits au nom de l'Agent de change dans la caisse de la Chambre syndicale, et, à défaut de Chambre syndicale, dans une caisse désignée par le président du Tribunal de commerce.

Mais elle a voulu, en même temps, que ce dépôt fût accompagné d'un bordereau faisant connaître les noms de la personne à laquelle les titres ont été attribués.

Les numéros de ces titres devront être les mêmes que ceux qui auront été attribués au client sur les livres de l'Agent de change dès la la réception du transfert d'ordre; à partir de cette attribution, la propriété aura été transmise au client, et l'Agent de change cessera d'avoir le droit de substituer d'autres titres de même nature et se trouvant dans des conditions identiques.

Deux causes auront pu empêcher la régularisation des transferts d'ordre et l'inscription des titres au nom du cessionnaire définitif :

1° Le client aura acquitté le montant de la négociation, mais il n'aura pas fait parvenir à l'Agent de change la feuille d'acceptation nécessaire à la consommation du transfert;

2° Le client n'aura pas acquitté le montant de la négociation, qu'il ait ou non fait parvenir son acceptation à l'Agent de change.

Dans le premier cas les titres pourront rester sans limitation de temps dans les caisses de la Chambre syndicale, et l'Agent de change ne pourra être tenu d'intenter une action en justice à son client.

La propriété aura été régulièrement transmise au client par l'attribution avec toutes les charges et tous les avantages qu'elle comporte.

En conséquence, les Sociétés et les tiers ne pourront éprouver aucun préjudice du fait de ce dépôt prolongé, et le client n'aura à s'en prendre qu'à lui-même du retard apporté à l'inscription de son nom sur les registres de la Société, retard qui proviendra de sa seule négligence.

Dans le deuxième cas les droits des tiers et de la société se trouveront également sauvegardés, puisque l'attribution des titres aura été faite au client sur les livres de l'Agent de change dès la réception du transfert d'ordre et qu'ainsi la propriété aura été fixée sur la tête de l'attributaire.

Mais l'Agent de change se trouvant à découvert vis-à-vis de son client puisera dans les dispositions du § 2 de l'art. 57 du projet, les moyens de sortir de cette situation dangereuse pour lui. Il réclamera à son client par lettre recommandée le montant de la négociation, et, s'il y a lieu, la feuille d'acceptation dûment signée, dans le cas où elle est nécessaire.

Si, dans un délai de trois jours à partir de l'envoi de la lettre recommandée, l'Agent de change n'a pas reçu satisfaction, il aura, sans autre mise en demeure, le droit de faire procéder à la revente des titres, aux risques et frais de son client. A raison de certaines objections qui s'étaient produites, et pour que cette question ne pût donner prétexte à aucune difficulté dans l'avenir, la Commission a cru devoir viser explicitement, dans le § 1er de l'art. 61 du projet, la faculté qu'elle entendait donner à l'Agent de change d'user des stipulations du § 2 de l'art. 57, même après le dépôt des titres dans les caisses de la Chambre syndicale.

Nonobstant cette exécution, la propriété des titres et toutes les charges qu'elle comporte n'en aura pas moins reposé sur la tête du client pendant le temps qui s'écoulera entre l'attribution à lui faite des titres sur les livres de l'Agent de change et la revente d'office desdits titres.

La Commission a été aussi amenée à trancher une question qui présente pour l'avenir de très grands avantages au point de vue de la simplification des transferts d'ordre, et qui en diminuera considérablement le nombre, au plus grand avantage des Sociétés et de la Dette inscrite.

Lorsque des clients n'habitant pas la ville où sont situés les bureaux de leurs Agents de change leur transmettent l'ordre de vendre des titres nominatifs, des Rentes sur l'État français par exemple, ils font suivre leur ordre de l'envoi des titres et d'une procuration contenant pouvoir de vendre, céder et transférer les titres dont il s'agit.

Malgré les recommandations réitérées des Agents de change, ces procurations sont le plus souvent données nominativement à l'Agent de change lui-même qui est chargé de la négociation. Or, en l'absence de toute disposition législative dans ce sens, les Sociétés et le Trésor refusent, sur la production de ces procurations, de procéder au transfert d'ordre ou à l'inscription des Rentes au compte-courant de l'Agent de change lui-même qui en tient lieu en ce cas.

Les Agents sont donc obligés de procéder au transfert d'ordre (1) ou à

---

(1) Nous avons dit plus haut que la Commission avait refusé de sanctionner, pour l'avenir, la pratique des transferts d'ordre opérés au nom de l'Agent de change du vendeur ; ce refus de la Commission n'empêchera pourtant pas l'hypothèse ci-dessus prévue de se réaliser pour les titres essentiellement nominatifs, notamment quand l'Agent de change voudra attribuer les titres à un cessionnaire également son client. Mais dans ce cas, et par une sorte de dédoublement, il agira dans ces transferts d'ordre en qualité d'Agent de change de l'acheteur. Il reste d'ailleurs bien entendu que la décision de la Commission que nous venons de rappeler ne mettra, en aucune façon, obstacle à l'inscription des titres de Rente du client vendeur au compte-courant de son Agent, alors même que ce dernier agirait seulement en qualité d'Agent de change vendeur ; la décision de la Commission visant uniquement les transferts d'ordre proprement dits, de valeurs essentiellement nominatives, et non les comptes-courants de Rente, etc.

l'inscription des rentes au nom d'un de leurs employés, de leur fondé de pouvoirs le plus souvent ; — ce dernier retransfère ensuite les titres dont s'agit à l'Agent de change ou à un cessionnaire, et les livraisons peuvent s'effectuer aux attributaires, grâce à ce moyen détourné !

L'art. 16 des notes pour servir à la préparation du règlement d'administration publique avait pour but de régler cette situation, et de consacrer la pratique d'après laquelle le Trésor et les Sociétés ont l'habitude de considérer ces transferts comme des transferts d'ordre ou de forme ne transportant pas la propriété aux employés désignés par les Agents de change.

La pratique suivie jusqu'à ce jour et la nécessité de l'intervention, dans ce cas, du fondé de pouvoirs de l'Agent de change ou de telle autre tierce personne désignée par lui provient des exigences des Sociétés et du Trésor, exigences basées : 1° sur l'art. 85 du Code de commerce, aux termes duquel un Agent de change ne peut, dans aucun cas, faire des opérations pour son propre compte; 2° de l'art. 1596 du Code civil, qui défend aux mandataires de se rendre adjudicataires des biens qu'ils sont chargés de vendre.

La Commission a estimé que ces deux articles ne sont pas applicables en l'espèce. On ne se trouve pas en présence d'un transfert réel, mais bien d'un véritable transfert d'ordre; l'inscription des rentes au compte-courant de l'Agent de change présente, dans ce cas, incontestablement ce caractère. Les principes qui seraient peut-être applicables en cas de transfert réel, ne peuvent régir ces transferts d'ordre ou de forme. De plus, l'art. 1596 n'a jamais été opposé au déclarateur de command, dont la situation ressemble beaucoup à celle de l'Agent de change.

Cette application trop rigoureuse des principes du droit, qui n'ont rien à voir en l'espèce, multiplie inutilement les transferts d'ordre et nuit, sans aucune utilité, à la prompte expédition des affaires; en persistant à en tenir compte pour l'avenir, la Commission aurait été obligée de redire pour les fondés de pouvoirs des Agents de change, ou pour les tierces personnes désignées par eux, tout ce qu'elle avait déjà dit pour les Agents de change eux-mêmes. D'où la nécessité de nombreux articles compliquant inutilement le règlement.

La Commission s'était d'ailleurs posé comme règle de limiter les transferts d'ordre aux cas, et aux cas seuls, où ils sont nécessités par les exigences impérieuses de la pratique. Fidèle à ce principe, elle a tenu à simplifier les choses pour l'avenir; elle avait pensé tout d'abord qu'il suffirait, pour atteindre son but, de poser ce principe : « Que sont assimilées » aux transferts d'ordre, quant aux effets qu'ils produisent, les inscriptions » effectuées au nom des Agents de change, sur les livres du Trésor des » titres de rente qu'ils sont chargés de vendre ou de transférer ».

Ayant nettement expliqué le caractère et les effets des transferts d'ordre, elle estimait que les Sociétés ne sauraient se prévaloir, en aucun cas, des art. 85 du Code de commerce et 1596 du Code civil pour refuser de transférer au nom de l'Agent de change les titres qu'il est chargé de vendre et de transférer en vertu d'une procuration dans laquelle il est nominativement désigné comme mandataire.

Assimilant explicitement les comptes-courants de rentes aux noms des Agents de change aux transferts d'ordre, elle pensait également que, comme conséquence forcée du principe ainsi posé, le Trésor devrait renoncer à la pratique suivie jusqu'ici.

M. le Directeur de la Dette inscrite, en raison des difficultés que cette innovation aux usages constants pourrait rencontrer de la part de la Cour des comptes, a préféré que la Commission édictât une disposition spéciale à cet égard, et la Commission, faisant droit à ce désir, a complété de la manière suivante l'art. 62 du projet :

« Ces inscriptions pourront être faites par le Trésor sur la production » de la procuration en vertu de laquelle l'Agent de change est personnellement chargé de l'opération. »

Avant de clore cette trop longue partie de notre rapport, nous devons cependant signaler une question qui a été soutenue au sein de la Commission, avec une particulière insistance, au nom des Agents de change. Il s'agissait du principe posé par l'art. 93 du Règlement de la Compagnie des Agents de change de Paris, qui stipule « que le transfert n'est attributif de » propriété qu'après paiement du prix par l'acheteur au nom duquel les » titres ont été transférés. »

La Commission a examiné cet article à propos des négociations du comptant, et elle a refusé de l'inscrire dans le règlement d'administration publique, tout en le réservant en ce qui concerne les opérations à terme.

Elle a pensé que cet article avait un caractère doctrinal; qu'en conséquence, il pourrait peut-être trouver sa place dans une loi, mais qu'il serait mal venu dans le projet actuellement préparé.

De plus, cet article aurait pu paraître en opposition avec les théories adoptées par la Commission, en ce qui concerne la transmission de propriété des valeurs nominatives.

La Commission a, du reste, pensé que l'Agent de change qui aurait ainsi transféré des titres nominatifs, à un client ou à un confrère, avant paiement du prix, n'éprouverait, dans la pratique, aucune difficulté réelle pour se faire retransférer lesdits titres, soit à l'amiable, par ce confrère, ce client, leurs administrateurs provisoires, liquidateurs ou syndics, soit, en cas de résistance, en s'adressant à la justice.

La question avait été réservée en ce qui concerne les opérations à terme, mais elle n'avait pas été abordée par suite d'une omission, lorsque les articles concernant ces opérations sont venus en discussion ; elle s'est représentée de nouveau devant la Commission, lors du travail de révision générale.

A ce moment, la Commission a cru devoir adopter, à la suite de l'art. 62, un article ainsi conçu : « La Chambre syndicale peut, comme les » Agents de change eux-mêmes, être titulaire de comptes-courants de rentes » dans les termes de l'article précédent ; elle peut également être titulaire » de titres nominatifs en vertu de transferts d'ordre ou de forme. »

La nécessité de cet article s'imposait, particulièrement en ce qui concerne la Chambre syndicale de Paris, à raison du service des Trésoriers-payeurs généraux dont elle est actuellement chargée (en l'absence de toute stipulation dans ce sens, le Trésor et les Compagnies pouvant refuser à la Chambre syndicale les facilités qui en résultent). En outre, la Commission a jugé que les règlements particuliers pourraient trouver dans cet article additionnel un des moyens qu'elle a entendu leur réserver le soin de déterminer, afin d'assurer, notamment, l'application du principe obligatoire qui veut que les livraisons de rentes entre Agents ne s'effectuent qu'en titres nominatifs, et de celui non moins absolu qui veut que les Agents de change ne se livrent entre eux que titres contre argent.

La Commission a pensé que l'adoption de cet article lui éviterait d'inscrire dans le projet de règlement d'administration publique une stipulation doctrinale du genre de celle que contient l'art. 93 du Règlement de la Compagnie des Agents de change de Paris, sans toutefois compromettre dans la pratique les intérêts légitimes que cet article 93 a pour but de sauvegarder, et cela aussi bien en matière d'opérations du comptant qu'en matière d'opérations à terme.

## MARCHÉS A TERME

### LIQUIDATIONS CENTRALES

Les questions que soulevaient la section 3e (*Marchés à terme*) avaient été singulièrement élucidées pour la Commission, par les solutions qu'elle avait adoptées antérieurement, et par les principes qu'elle avait admis, tant au point de vue de la situation juridique des Agents de change qu'au point de vue de la transmission de propriété des valeurs négociées en Bourse, au porteur ou nominatives.

Aussi la Commission ne s'est-elle pas arrêtée longtemps aux objections qui lui ont été présentées au sujet des liquidations centrales, objections qui toutes procédaient de cette idée que les compensations générales, qui sont la loi de la liquidation centrale et le mode de règlement obligatoire des négociations à terme traitées à la Bourse par l'intermédiaire des Agents de change, faisaient disparaître les relations juridiques entre vendeur et acheteur.

Comme nous l'avons expliqué plus haut, dans toute opération traitée en Bourse, même au comptant, par les Agents de change, le client acheteur et le client vendeur restent complètement étrangers l'un à l'autre, et l'opération donne seulement naissance aux obligations que nous avons énumérées.

En dehors de cette considération décisive, rappelons encore ici que les négociations se faisant en Bourse, sans désignation des numéros des valeurs négociées, qu'il s'agisse de valeurs nominatives ou de valeurs au porteur, les Agents de change sont seulement tenus de livrer à leurs acheteurs des titres de même nature, en même quantité et se trouvant dans des conditions identiques, sans qu'en aucune circonstance ils puissent être obligés, soit à l'égard de leur vendeur, soit à l'égard de leur acheteur, de pratiquer l'application directe que nous avons reconnue impossible même pour les négociations au comptant.

Cette règle générale s'impose encore, s'il est possible, d'une manière plus impérieuse dans les marchés à terme, puisqu'aux termes mêmes de la loi du 28 mars 1885, ces marchés peuvent se résoudre par le paiement de simples différences.

Il en résulte en effet clairement qu'une fois qu'une personne engagée dans un marché à terme a racheté ce dont elle était vendeur, ou revendu ce dont elle était acheteur, et qu'elle a ainsi liquidé sa position sur une valeur déterminée, cette même personne ne peut plus être obligée à livrer les titres dont elle était vendeur au début de son opération, ou à lever les titres qu'elle avait commencé par acheter.

Dès qu'elle a liquidé son opération sur une valeur déterminée, cette personne doit seulement une différence, ou elle a droit seulement, suivant le cas, au paiement d'une différence.

La loi du 28 mars 1885 n'a fait que consacrer sur ce point un usage constant.

Cet usage n'est pas particulier à nos marchés français ; partout où il existe à l'étranger des marchés à terme, les mêmes nécessités inéluctables ont imposé la même règle générale.

De là, en dehors de toutes les autres considérations de principes et de fait que la Commission avait appréciées antérieurement, résulteraient d'une manière indiscutable la nécessité et la légalité des compensations qui constituent les liquidations centrales et qui sont le mode obligatoire de règlement des marchés à terme.

Notons, en passant, que la Commission qui, à différentes reprises, avait rappelé, dans des articles du projet, des dispositions législatives, a cru bon de s'emparer ici du texte même de ce passage de la loi du 28 mars 1885, et de rappeler ainsi, dans un des articles du projet de règlement, le principe posé par cette loi, qui reconnaît la validité des opérations à terme, alors même qu'elles se résolvent par le paiement de simples différences.

La Commission a pensé que ce serait une sorte de préface au principe des compensations générales obligatoires qui apparaîtrait ainsi d'autant plus comme la solution nécessaire et inévitable.

Une fois cette question résolue, il restait à la Commission le soin de tracer les limites qu'elle entendait donner à la section troisième du chapitre II et de déterminer l'ordre qu'elle suivrait.

Les limites, elle les trouvait dans la nature même du règlement d'administration publique. Elle avait décidé, au début de ses travaux, avec l'autorisation spéciale de M. le garde des sceaux, qu'elle ne préparerait point un règlement type, mais bien un règlement général, ne contenant que les lignes maîtresses qui s'appliqueraient à tous les parquets et à tous les

Agents de change, des arrêtés ministériels devant ultérieurement régler toutes les questions de détail qui varient de parquet à parquet, de ville à ville.

Il ne s'agissait donc ici que de retracer et de consacrer les règles générales qui s'appliquent à tous les parquets où se pratiquent les marchés à terme.

C'est ainsi que la Commission a été amenée à ne s'occuper que des questions maîtresses qui trouvent leur application partout, escomptes, réponses de primes, cours de compensations, liquidations centrales.

Elle a renvoyé aux règlements particuliers, qui devront être sanctionnés par des arrêtés ministériels, toutes les questions de détail, telles que échéances des liquidations, dates des livraisons et des paiements, quotités négociables, et généralement toutes les conditions des opérations et de leur liquidation non spécifiées par le règlement général.

Ces détails varient à l'infini d'un marché à l'autre; ils peuvent, en outre, demander des modifications constantes, suivant les nécessités et les transformations des affaires.

Il y avait donc tout intérêt à ne point les trancher dans le règlement d'administration publique, et à les renvoyer aux règlements particuliers qui devront être homologués par les Ministres compétents, mais qui, en raison de leur nature même, seront bien plus facilement modifiables que le présent règlement général, auquel aucun changement ne pourra être apporté qu'avec l'intervention du Conseil d'État.

La Commission a été amenée à trancher dans l'art. 71 du projet une question de principe qui présentait certaines difficultés.

Il s'agissait de décider s'il fallait maintenir la faculté d'escompte, c'est-à-dire la faculté que tout acheteur à terme possède actuellement de se faire livrer par anticipation les valeurs dont il est acheteur, contre le paiement du prix de la négociation.

La faculté d'escompte et sa validité ont toujours été reconnues par la jurisprudence. Il résulte de plusieurs arrêts que, lorsqu'une personne traite sur une place où la faculté d'escompte existe, elle est réputée agir d'après les usages de cette place. En traitant dans le règlement en préparation la question de l'escompte, la Commission ne faisait que se conformer au mandat donné par la loi du 28 mars 1885 de règlementer ce qui est relatif aux marchés à terme.

La principale objection présentée contre la faculté d'escompte est basée sur cette même loi du 28 mars 1885. Certaines personnes ont soutenu qu'en présence de cette loi, qui reconnaît et sanctionne les opérations à terme, il était inadmissible de maintenir un droit exorbitant en faveur de l'acheteur, droit qui n'allait a rien moins qu'à lui permettre de faire déchoir le vendeur du bénéfice du terme.

On a insisté aussi sur les abus qui peuvent naître de ladite faculté; lorsqu'un vendeur, par exemple, a consenti à payer un déport pour continuer sa position pendant une nouvelle liquidation, il arrive fréquemment que l'acheteur, qui a déjà profité du déport, cherche à se procurer de nouveau cet avantage au cours de cette même liquidation en exerçant le droit d'escompte; l'acheteur arrive ainsi à se faire livrer par anticipation les titres qu'il trouve à se faire reporter de nouveau avec un bénéfice (déport).

Mais on a rappelé dans le sein de la Commission que la faculté d'escompte a été l'un des arguments sur lesquels on s'est appuyé pour obtenir des pouvoirs publics la loi du 28 mars 1885. Les personnes qui en poursuivaient l'adoption soutenaient en effet que cette faculté démontrait à l'évidence le sérieux des opérations à terme traitées par ministère d'Agent de change. En effet, l'acheteur pouvait toujours se procurer, fût-ce en affectant les titres escomptés à un nantissement, les sommes nécessaires pour lever lesdits titres, et, d'autre part, le vendeur ne pouvait s'engager dans des opérations de pure spéculation, puisqu'il était toujours exposé à se voir obligé de livrer, à tout moment, les titres dont il était vendeur.

On a soutenu encore que la loi de 1885 n'avait pu entendre apporter aucun changement sur ce point, et on a fait ressortir, d'autre part, tout le danger qu'il pourrait y avoir pour l'Etat, au point de vue du crédit public, à consentir l'abandon d'une arme qui peut servir puissamment à arrêter les effets d'une panique ou d'une baisse provoquée par la spéculation.

Comment empêcher, sans la faculté d'escompte, au moment d'un emprunt important de l'Etat, la spéculation à la baisse de vendre par avance à découvert le montant même de l'emprunt, d'avilir le prix de la Rente et de faire ainsi échouer l'émission ?

D'ailleurs la faculté d'escompte peut être salutaire à la spéculation à la baisse elle-même; elle la retient, et l'empêche à l'occasion de s'engager follement dans des opérations sans mesures, qui pourraient, par leur importance exagérée, amener en retour des mouvements de hausse folle, d'une durée éphémère, il est vrai, mais suffisante pour consommer la ruine irrémédiable des vendeurs à découvert. Ces mouvements de hausse, provoqués seulement par la position de place, donneraient bientôt naissance à des reculs violents, et le marché, abandonné à ces mouvements désordonnés qu'aucun frein ne pourrait plus modérer ni retenir, donnerait le spectacle des plus funestes agitations.

La Commission s'est prononcée pour le maintien de la faculté d'escompte.

Elle a pensé qu'il y avait là, au point de vue du crédit public, un instrument qui présentait une indiscutable utilité, et elle n'a pas estimé que les pouvoirs publics pussent y renoncer. En conséquence, elle a adopté l'art. 71 du projet.

Dans son esprit, cet article pose une règle générale à laquelle les règlements particuliers n'auront pas le droit de déroger ; le principe de la faculté d'escompte domine toutes les négociations à terme effectuées, en Bourse, par le ministère des Agents de change ; il ne saurait y avoir deux Cotes officielles : celle des valeurs escomptables et celle des valeurs inescomptables.

Dans tous les autres articles de la section 3° du chapitre II, la Commission s'est attachée à reproduire, dans l'ordre chronologique, les différentes opérations auxquelles peuvent donner naissance les marchés à terme.

Elle s'est attachée à en traduire le mécanisme dans les termes les plus clairs qu'elle a pu trouver, afin que ces usages séculaires, impérieusement dictés par les nécessités des affaires, fussent retracés dans le règlement d'administration publique.

Parmi ces usages, elle n'a consacré que ceux qui sont communs à tous les parquets, et elle a renvoyé, comme nous l'avons dit, aux règlements particuliers toutes les questions de détails qui peuvent varier, de place à place ou d'époque à époque, ou qui ne pouvaient être considérés comme *présentant un caractère vraiment général et indispensable.*

J'ai l'honneur d'être, Monsieur le Ministre, votre respectueux serviteur.

*Le président de la Commission,*

J. BOZÉRIAN.

# RÈGLEMENT

2 - 3 CONCERNANT

# LES AGENTS DE CHANGE

---

## TITRE Ier

2 **Organisation**

### CHAPITRE Ier

**Présentation — Nomination —**
22 **Création et suppression d'Offices et de Parquets**

22 ART. 1er. Les Agents de change sont des officiers
publics. — Ils exercent leur ministère dans la ville
désignée par leur acte de nomination.

2 ART. 2. Nul ne peut être Agent de change :
1° S'il n'est français;
2 2° S'il n'a 25 ans accomplis;
2 3° S'il ne jouit de ses droits civils et politiques,
5 et s'il n'a satisfait aux obligations de la loi sur le
recrutement;
2 - 30 4° S'il ne produit un certificat d'aptitude et
d'honorabilité signé par des Agents de change ou
par les chefs de plusieurs maisons de banque ou
de commerce;
5 5° S'il ne justifie qu'il a travaillé pendant quatre
années au moins chez un Agent de change, dans
une maison de banque, de commerce ou chez un
notaire.

2 ART. 3. Les Agents de change sont nommés par

---

N. B. Les numéros indiqués en marge sont ceux des séances de la Commission dans lesquelles les textes ont été discutés.

décret du Gouvernement. Ils ne peuvent entrer en fonctions qu'après avoir justifié du versement de leur cautionnement et de la prestation du serment.

2 - 3 - 36 - 37 Art. 4. Le droit de présentation appartient à l'Agent de change démissionnaire. En cas de décès, ce droit est exercé par la veuve commune en biens et les héritiers ou légataires. — S'il existe un désaccord entre les ayants-droit, il est pourvu d'office à la nomination. — En cas d'empêchement du titulaire, le droit de présentation est exercé par un administrateur judiciaire.

2 - 3 - 22 Art. 5. Il ne peut être créé de nouvel Office d'Agent de change que par décret rendu sur la proposition du Ministre compétent, après avis de la Chambre syndicale ou de la corporation des Agents de change et courtiers en titre d'Office.

7 - 22 Art. 6. La procédure suivie pour la création d'un nouvel Office d'Agent de change est également applicable à la suppression d'un Office.

22 - 29 Art. 7. Un décret rendu sur la proposition du Ministre compétent détermine après avis de la Chambre syndicale ou de la corporation des Agents de change et, au vu d'une délibération du Tribunal de Commerce, l'indemnité à payer par le titulaire d'un Office nouvellement créé aux titulaires des Offices existants.

22 - 33 Art. 8. L'indemnité à payer par les Agents de change maintenus, au titulaire d'un Office supprimé, sera déterminé dans les mêmes conditions.

22 Art. 9. Lorsque le nombre des Agents de change exerçant dans une ville est de six au minimum, il peut, sur la demande de la corporation des Agents de change et courtiers titulaires d'Office, être créé un Parquet dans les conditions déterminées par le décret du 15 septembre 1862.

La demande de création du Parquet doit être accompagnée : 1° de l'avis du Conseil municipal de cette ville ; 2° de l'avis des Tribunaux de commerce, Chambres de commerce et Chambres consultatives des arts et manufactures de l'arrondissement ; 3° d'un rapport du Préfet du département.

22 Art. 10. La procédure suivie pour la création d'un Parquet est également applicable à sa suppression. Toutefois, à défaut de demande de la corporation des Agents de change et courtiers, cette suppression pourra être prononcée d'office.

Art. 11. Dans les Bourses pourvues d'un Parquet, les Agents de change ne peuvent user de la faculté de présenter leurs successeurs qu'en faveur des candidats qui ont obtenu préalablement l'agrément de la Chambre syndicale de la Compagnie, et avec lesquels ils ont traité des conditions de leur démission par un acte soumis au Ministre des finances et approuvé par lui.

3 Art. 12. La présentation des candidats par les Chambres syndicales est adressée, à Paris, au Ministre des finances directement ; dans les départements, au Préfet qui transmet les demandes au Ministre avec son avis motivé. Cette présentation est accompagnée de la démission du titulaire ; du traité passé avec lui ; des pièces établissant que les conditions prescrites par l'article 2 ont été
22 observées ; de la déclaration signée par le vendeur et par l'acquéreur, qu'il n'a été stipulé entre eux aucun avantage en dehors du prix indiqué dans ledit traité ; du projet de traité avec les futurs bailleurs de fonds intéressés, si le candidat a l'intention de s'en adjoindre.

5 Art. 13. Les Agents de change près les Bourses non pourvues d'un Parquet sont nommés par

décret rendu sur le rapport du Ministre du commerce et de l'industrie. Indépendamment de la justification des conditions exigées par l'article 2, les candidats à une charge d'Agent de change devront produire :

1° Un état des produits bruts de l'Office pendant les cinq dernières années;

2° Un avis de la Chambre syndicale, ou à son défaut, des autres titulaires de la place, sur l'aptitude et la moralité du candidat, sur la gestion du titulaire démissionnaire et sur le prix de cession de la charge;

3° L'avis du Tribunal de Commerce sur les mêmes points;

4° L'avis du Préfet.

## CHAPITRE II

3 **Chambres syndicales**

3 Art. 14. Dans les Bourses pourvues d'un Parquet, une Chambre syndicale est nommée chaque année par la Compagnie assemblée, à la majorité absolue des suffrages et au scrutin secret. Le procès-verbal de l'élection des membres de la Chambre syndicale est envoyé au Ministre des
22 finances et au Préfet du département ; à Paris, il est envoyé, en outre, au Préfet de police.

3 Art. 15. La Chambre syndicale ne peut prendre une décision que si la majorité de ses membres est présente. En cas d'absence ou de maladie, elle est autorisée à se compléter en appelant les membres les plus anciens de la Compagnie suivant l'ordre du tableau.

3 Art. 16. Elle est présidée par le Syndic, ou, à son défaut, par les adjoints, dans l'ordre de leur

nomination à la dernière élection. En cas de partage, la voix du président est prépondérante.

4 ART. 17. La Chambre syndicale tient registre de ses délibérations. Chaque procès-verbal est signé par tous les membres qui ont assisté à la séance.

4 ART. 18. La Chambre syndicale est chargée de veiller attentivement à ce que, sous quelque prétexte que ce soit, il ne puisse être porté atteinte aux fonctions ou attributions des membres de la Compagnie ; elle dénonce les contrevenants aux tribunaux ou à l'autorité administrative, selon les cas, et fait toutes les poursuites et démarches nécessaires pour obtenir justice.

4 ART. 19. La Chambre syndicale devant veiller à la sûreté de la Compagnie et à celle de chacun de ses membres, mande devant elle, soit d'office, soit sur la demande des membres de la Chambre syndicale ou de la Compagnie, dont le nombre est
36 déterminé par les règlements particuliers, tout Agent de change dont les opérations donneraient des inquiétudes à la Compagnie, pour s'assurer s'il a pris toutes les précautions nécessaires pour l'exécution de ses engagements. Elle exige de lui, à cet égard, les garanties qu'elle juge indispensables, même le dépôt de valeurs dans la Caisse syndicale.

4 ART. 20. La Chambre syndicale juge souverainement et en dernier ressort toutes les contestations qui peuvent s'élever entre les Agents de change dans l'exercice de leurs fonctions. Dans le cas où un membre de la Chambre syndicale se trouve engagé dans une affaire portée au jugement de ladite Chambre, il s'abstient de siéger pendant la discussion et le jugement de cette affaire.

4 ART. 21. Un ou deux adjoints dits *adjoints de service* sont désignés chaque mois, pour

présider à la rédaction de la cote des cours des effets publics et particuliers, au comptant et à terme; ils doivent veiller spécialement à l'observation des règlements et au maintien de l'ordre dans la Compagnie; toutes les contestations entre Agents de change qui auraient besoin d'une prompte solution peuvent être soumises à leur jugement.

4 Art. 22. La Chambre syndicale a, sur les membres de la Compagnie, la surveillance et l'autorité d'une Chambre de discipline; elle veille avec le plus grand soin à ce que chaque Agent de change se renferme strictement dans les limites légales de
10 ses fonctions; elle peut, suivant la gravité des cas, blâmer, censurer les contrevenants, leur interdire l'entrée de la Bourse pendant une durée qui ne pourra excéder deux mois, et provoquer leur suspension par le Ministre compétent ou leur destitution. — Aucune condamnation ne peut être prononcée que par la Chambre syndicale dûment complétée, et à la majorité des deux tiers des voix.

30 Art. 23. Dans les Bourses non pourvues de Parquet où il existe des Agents de change et des courtiers maritimes au nombre de six au moins, les dispositions des articles 14, 15, 16, 17, 18, 19, 20 et 22 sont applicables à la nomination et au fonctionnement de la Chambre syndicale.

Toutefois, les procès-verbaux d'élection seront envoyés au Ministre du commerce et de l'industrie.

## CHAPITRE III

### Assemblées générales

4 Art. 24. L'Assemblée générale statue sur les questions dont la connaissance lui est attribuée par le présent Règlement ou par les règlements particuliers. Elle est constituée, lorsque la moitié

plus un des membres de la Compagnie sont présents.

4 - 37 ART. 25. En dehors de la réunion prévue par l'article 14, les Assemblées générales ne peuvent être convoquées que par la Chambre syndicale, ou sur la demande écrite et motivée de la majorité absolue de la Compagnie.

4 ART. 26. La Chambre syndicale tient un registre particulier des délibérations des Assemblées générales. Les noms des membres présents à ces Assemblées sont inscrits en tête de chaque procès-verbal, qui est signé par les membres de la Chambre syndicale.

## CHAPITRE IV

5 **Honorariat**

31 - 36 ART. 27. L'Agent de change qui se retire après
38 vingt années d'exercice, à Paris après quinze années, peut, sur sa demande, être nommé Agent de change honoraire. Les années passées à la Chambre syndicale comptent double.

6 ART. 28. L'honorariat est conféré, par un décret du Gouvernement rendu sur la proposition du ministre compétent, au candidat présenté par la Chambre syndicale, ou, à son défaut, par le Tribunal de Commerce.

6 ART. 29. Les Agents de change honoraires assistent aux Assemblées générales de la Compagnie avec voix consultative. Les autres avantages résultant de l'honorariat sont déterminés par les règlements particuliers.

6 ART. 30. L'honorariat peut, sur l'avis de la Chambre syndicale, ou, à son défaut, du Tribunal de Commerce, être retiré par un décret du Gou-

vernement aux Agents qui se sont rendus coupables d'actes contraires à l'honneur et à la dignité.

6 Art. 31. L'honorariat demeure acquis aux Agents de change honoraires qui en avaient été investis antérieurement au présent décret en vertu des règlements particuliers de leur Compagnie.

## CHAPITRE V

6 **Bailleurs de fonds intéressés**

6 - 30 Art. 32. Les Agents de change près les Bourses pourvues d'un Parquet peuvent seuls s'adjoindre des bailleurs de fonds intéressés, en se conformant aux prescriptions de la loi du 2 juillet 1862.

6 Art. 33. Les actes qui constatent l'adjonction de ces bailleurs de fonds sont soumis à l'approbation de la Chambre syndicale et communiqués au Ministre des finances. Il en est de même des actes contenant des modifications dans la constitution du capital de l'Office, dans le personnel des bailleurs de fonds intéressés ou dans l'attribution des parts d'intérêt.

6 Art. 34. En l'absence de convention contraire, le bailleur de fonds intéressé reste responsable des opérations effectuées ou engagées au moment de sa retraite.

## CHAPITRE VI

**Personnel des Agents de change**

*Fondés de pouvoirs*

7 Art. 35. Les Agents de change peuvent, en vertu de procurations spéciales, charger une ou plusieurs personnes, soit séparément, soit collec-

tivement, de les représenter dans tous les actes
d'administration où ils peuvent être suppléés par
un mandataire. Ces procurations sont soumises à
7 l'approbation de la Chambre syndicale.

*Commis principaux*

7 Art. 36. Les Agents de change près les Bourses
pourvues d'un Parquet sont autorisés à s'adjoindre un ou plusieurs commis principaux. Ces
8 commis sont soumis aux Règlements délibérés par
la Chambre syndicale, qui statue sur leur admission et peut prononcer d'office leur révocation.

7 Art. 37. Les commis principaux agissent au
nom des Agents de change et sous leur responsabilité. Ils ne peuvent faire aucune opération pour
leur propre compte.

7 Art. 38. Il est interdit aux Agents de change et
aux commis principaux de vendre ou de céder les
fonctions de commis principal moyennant un prix
ou une redevance quelconques.

## CHAPITRE VII

7 **Droits et obligations des Agents de change.**

7 - 8 - 31 Art. 39. Sauf convention contraire, les Agents
de change sont responsables de leurs opérations
envers leurs confrères et envers leurs clients.

8 - 29 - 32 Art. 40. Les Agents de change ne peuvent faire
aucune association entre eux. Il leur est également
10 interdit, lorsqu'ils opèrent sur la même place, de
faire des affaires de participation de courtage
entre eux.

8 - 33 Art. 41. Les Agents de change ne peuvent faire
aucune opération pour les personnes dont la
faillite serait déclarée.

8 Art. 42. Les Agents de change ne sont responsables que des sommes ou des titres remis directement à leurs caisses. — Ils sont tenus d'en donner reçu. Ils ne sont obligés par leur correspondance qu'autant qu'elle est signée par eux ou par leurs fondés de pouvoirs.

9 Art. 43. Les Agents de change doivent garder le secret le plus inviolable aux personnes qui les chargent de négociations, à moins que les parties ne consentent à être nommées ou que la nature de l'opération ne l'exige.

9 Sans préjudice des droits de la justice et du droit d'examen et d'investigation qui appartient à la Chambre syndicale.

10 Art. 44. Les Agents de change ne peuvent réclamer de courtages supérieurs à ceux qui leur sont alloués par les tarifs établis par l'autorité compétente.

Chaque année, la Chambre syndicale fixe le minimum de courtages qui doivent être perçus pour les opérations au comptant et à terme.

Les Agents de change sont tenus de se conformer à la décision de la Chambre.

10 Art. 45. Lorsqu'un Agent de change est forcé de quitter le Parquet par suite d'embarras dans ses affaires, ses opérations sont liquidées sous le
38 contrôle de la Chambre syndicale dans les conditions déterminées par les règlements particuliers.

10 Art. 46. Lorsqu'un Agent de change vient à décéder dans l'exercice de ses fonctions, il est présenté requête par le Syndic au Président du Tribunal civil pour faire nommer un adminis-
11 trateur provisoire de la charge, qui remplit les fonctions de fondé de pouvoirs.

38 Les actes que la loi a réservés à l'Agent de change sont alors accomplis par un confrère

substituant ou, à son défaut, par un adjoint de service, dans les conditions déterminées par les règlements particuliers jusqu'au moment où un nouveau titulaire est remis à la tête des affaires.

---

# TITRE II

11 **Négociations et Livraisons**

## CHAPITRE Ier

### Dispositions Générales

-31-32-33 ART. 47. Les Agents de change ont seuls le droit de faire les négociations des effets publics et autres qu'une Chambre syndicale a reconnus susceptibles d'être admis à la Cote officielle de la Bourse, conformément aux dispositions de l'article 87.

11-12-36 ART. 48. Ils ont, en outre, le droit de négocier les valeurs non admises à la Cote.

12-30 Ils en constatent le cours sur une feuille spéciale.

12 La négociation des valeurs qui n'ont pas satisfait aux droits fiscaux est interdite.

19-31-34 ART. 49. Ils certifient les signatures données par les parties en vue d'effectuer les transferts, conversions, mutations ou autres opérations.

La signature de l'Agent de change devra être légalisée lorsqu'il en sera fait usage hors de son département.

La responsabilité résultant de la certification est limitée à cinq ans, à partir de la date de l'opération.

21 - 22 Art. 50. Pour les titres soumis à un tirage, les négociations sont suspendues avant le tirage pendant un délai déterminé par les règlements particuliers.

21 - 29 Ces règlements arrêteront des dispositions analogues pour les titres comportant une obligation, ou donnant droit à une souscription ou autre avantage quelconque.

21 Toutefois, il est permis de traiter pendant ces délais suivant conventions particulières.

29 Les règlements particuliers détermineront également la date du détachement des coupons.

12 Art. 51. La Chambre syndicale décide si les effets négociés par les Agents de change peuvent l'être, soit au comptant seulement, soit au comptant et à terme.

12 - 13 Art. 52. Les négociations qui doivent se traiter avec concurrence et publicité sont faites à la Bourse par les Agents de change, soit qu'ils opèrent entre eux, soit qu'ils opèrent de client à client. — Les cours sont déterminés par ces négociations.

13 Art. 53. L'Agent de change vendeur doit dire à quel prix il offre; l'Agent de change acheteur doit dire à quel prix il demande.

13 - 34 Art. 54. Les opérations des Agents de change doivent être portées sur un carnet au moment où elles sont faites, et ensuite reportées sur un livre coté, paraphé et visé, conformément aux prescriptions de l'article 84 du Code du Commerce.

13 Art. 55. Les Agents de change sont tenus de se donner réciproquement, pour l'exécution de leurs

opérations, des engagements qui sont échangés avant la Bourse suivante

13 - 34 Art. 56. Les livraisons des titres entre Agents sont accompagnées de bordereaux.

## CHAPITRE II

13 - 33 - 37 **Négociations d'effets publics et autres**

### SECTION PREMIÈRE

*Marchés au comptant*

14 Art. 57. L'Agent de change est fondé à exiger que son client lui remette, en même temps qu'il donne son ordre de vente ou d'achat au comptant, les effets à négocier ou les fonds destinés à acquitter le montant de la négociation.

14 Dans le cas où, après avertissement donné au client par lettre recommandée, celui-ci n'a pas, dans un délai de trois jours, à partir de l'envoi de cette lettre, remis les titres ou les fonds, l'Agent de change a le droit de faire procéder au rachat ou à la revente des valeurs aux risques et frais du client, sans autre mise en demeure.

21 Art. 58. Si, à l'expiration des délais fixés pour les livraisons du comptant, l'Agent de change n'est pas en mesure, le client devra le mettre en demeure et aviser en même temps la Chambre syndicale.

La mise en demeure pourra résulter de l'envoi d'une lettre recommandée.

Dans les trois jours de cette mise en demeure, l'Agent de change devra remettre les titres à la Chambre syndicale, faute de quoi il sera procédé au rachat d'office par les soins de ladite Chambre pour le compte de qui il appartiendra.

Pour tous les rachats d'office, la Chambre syndicale pourra traiter suivant conventions particulières et même à des cours non cotés.

Dans le cas où il n'existe pas de Chambre syndicale, le client devra s'adresser au Président du Tribunal de Commerce, qui prescrira les mesures nécessaires.

14 Art. 59. La négociation de toutes les valeurs qui ne sont transmissibles que par voie de transfert est soumise aux règles ci-après :

14-16-17-34-35-36-37 L'Agent de change acheteur donne au vendeur, avant la cinquième Bourse au plus tard qui suit celle où la négociation a été faite, un bulletin signé de lui, indiquant la quotité de ces valeurs, le prix convenu, ainsi que les noms et prénoms des personnes auxquelles le transfert doit être fait.

17-35 Lorsque l'Agent de change n'est pas en mesure de remettre dans ce délai, soit les noms des acheteurs, soit leur acceptation, dans le cas où elle est nécessaire, il peut faire effectuer provisoirement le transfert à son nom.

14-15-16-17-32-34-35-36-37 Art. 60. Le transfert ainsi effectué constitue un transfert d'ordre ou de forme, à la condition que l'attribution des titres au cessionnaire soit opérée sur les livres des l'Agent de change dès la réception du transfert.

17 Si, dans un délai de dix jours, à compter de la

date du transfert d'ordre, l'Agent de change n'a pu faire mettre les titres au nom de l'acheteur, il doit les déposer à la Caisse de la Chambre syndicale, ou, à son défaut, à une Caisse désignée par le Président du Tribunal de Commerce.

Ce dépôt est accompagné d'un bordereau faisant connaître les noms de la personne à laquelle les titres ont été attribués.

Le double transfert n'opère qu'une seule transmission de propriété du vendeur au cessionnaire définitif.

18 ART. 61. Les dispositions du 2ᵉ § de l'art. 57 demeurent applicables aux titres nominatifs même après le dépôt dans la Caisse de la Chambre syndicale ou de l'établissement désigné par le Président du Tribunal de Commerce.

18 Dans le cas où ces valeurs ne seraient pas entièrement libérées, elles ne pourront donner lieu à
20 aucun recours, à raison de versements à effectuer,
contre l'Agent de change qui n'en a été provisoirement titulaire qu'en vertu d'un transfert d'ordre.

18 - 19 ART. 62. Sont assimilées aux transferts d'ordre, quant aux effets qu'ils produisent, les inscriptions effectuées au nom des Agents de change, sur les livres du Trésor, des titres de rente qu'ils sont chargés de vendre ou de transférer.

Ces inscriptions pourront être faites par le Trésor sur la production de la procuration en vertu de laquelle l'Agent de change est personnellement chargé de l'opération.

38 ART. 63. La Chambre syndicale peut, comme les Agents de change, être titulaire de comptes courants de Rentes, dans les termes de l'article précédent ; elle peut également être titulaire de

titres nominatifs, en vertu de transferts d'ordre ou de forme.

18 Art. 64. La Chambre syndicale, dans son Règlement particulier, ou, à défaut de Chambre syndicale, le Tribunal de Commerce fixe les délais de livraison des effets au porteur ou nominatifs.

## SECTION DEUXIÈME

22 *Négociations judiciaires ou forcées*

22 Art. 65. Lorsqu'un Agent de change est commis par justice à l'effet de négocier des valeurs, il doit faire apposer, 24 heures au moins avant la négociation, une affiche signée de lui dans l'intérieur de la Bourse, et, s'il n'existe pas de Bourse, dans ses bureaux, ou tout autre endroit désigné par le Tribunal.

23 Cette affiche, sur papier timbré, doit indiquer la nature des valeurs à négocier, leurs quantités, leurs numéros, la décision par laquelle la négociation est effectuée, le nom de l'Agent de change commis, et les jours auxquels la négociation aura lieu.

23 Art. 66. Les mêmes formalités doivent être observées en cas de négociation de valeurs réalisées en vertu de l'article 93 du Code de Commerce.

Avant de procéder à cette négociation, l'Agent de change doit se faire justifier d'une mise en demeure régulière, signifiée au débiteur huit jours au moins avant la vente.

23 Art. 67. Il est procédé de même lorsqu'il s'agit de réaliser des valeurs pour défaut de versement des termes appelés, à moins que les statuts de la

Société qui exige la réalisation ne contiennent des dispositions particulières.

23 Art. 68. En cas de négociation de valeurs appartenant à des mineurs ou à des interdits, les prescriptions de l'art. 3 de la loi du 27 février 1880 seront observées. — L'Agent de change devra exiger la justification que la négociation a été régulièrement autorisée.

23 Art. 69. Dans les cas prévus ci-dessus, le bordereau de l'Agent de change tient lieu de procès-verbal.

## SECTION TROISIÈME

23 - 24 *Marchés à terme*

24 Art. 70. Les négociations à terme, fermes ou à primes, d'effets publics ou particuliers au porteur, ou transmissibles par voie de transfert, se traitent à la Bourse pour les échéances et pour les quotités fixées par les règlements particuliers.

Ces règlements déterminent la date des livraisons et des paiements et toutes les conditions de ces opérations et de leur liquidation non spécifiées dans le Règlement général.

24 Art. 71. L'acheteur a toujours la faculté de se faire livrer par anticipation au moyen de l'escompte, soit qu'il ait traité ferme, soit qu'il ait traité à prime. Les escomptes donnent lieu à une liquidation anticipée des valeurs escomptées; les conditions de cette liquidation sont fixées par les règlements particuliers.

24 Art. 72. A la Bourse qui précède le premier jour de la liquidation, à l'heure fixée par la Chambre syndicale, les acheteurs d'effets à prime pour le terme échéant font connaître à leurs vendeurs s'ils entendent lever lesdits effets ou abandonner la prime.

Les marchés à prime deviennent des marchés fermes, après que l'acheteur a déclaré qu'il entend lever la prime.

24 - 25 Art. 73. Les marchés à terme peuvent se résoudre par le paiement de simples différences. — Dans tous les cas, toute opération à terme, ferme ou à prime, traitée à la Bourse, est soumise aux règles de la liquidation centrale.

25 Art. 74. La liquidation centrale se fait par les soins de la Chambre syndicale, qui compense toutes les opérations entre Agents, et arrête les soldes en argent ou en titres à la charge ou au profit de chacun d'eux.

25 Art. 75. Simultanément les comptes des opérations engagées pour la même échéance chez chaque Agent de change pour un même client sont soldés de façon que ce client n'ait à livrer à l'Agent ou à en recevoir que les valeurs dont, toutes compensations effectuées, il se trouve en définitive vendeur ou acheteur, comme il ne sera débiteur ou créditeur que d'un solde définitif en capitaux.

25 - 30 Art. 76. Un client réciproquement acheteur et vendeur pour solde d'une même valeur, chez deux Agents de change différents, n'est point tenu, si les Agents y consentent, de prendre livraison des titres contre paiement du prix chez l'Agent de change acheteur pour les livrer à l'Agent de change vendeur contre réception du prix.

25 - 38 Art. 77. Dans les négociations à terme des effets transférables et au porteur, le client doit remettre, le jour de la liquidation, avant la Bourse, à son Agent de change, l'argent nécessaire pour le paiement des effets qu'il a achetés, ou les effets nécessaires pour opérer la livraison de ceux qu'il a vendus.

S'il s'agit de lever des effets nominatifs dont le transfert ne s'effectue que sur l'acceptation de l'acheteur, celui-ci doit, à la même date, remettre l'acceptation ; le vendeur doit fournir le transfert signé.

35 Si ces conditions ne sont pas remplies, l'Agent de change a le droit de revendre ou de racheter dès ledit jour les effets, aux périls, risques et frais du client en retard, et ce, sans aucune formalité ni délai.

35 Dans les négociations à primes, si, à l'heure de la réponse, le client n'a pas rempli les conditions mentionnées aux deux premiers paragraphes du présent article, l'Agent de change a contre lui les mêmes droits.

25 - 35 - 38 Art. 78. En cas de non paiement ou de non livraison à l'échéance d'une liquidation, l'Agent de change a le droit de liquider, dès le lendemain dudit jour, et sans formalité, toutes les opérations encore engagées pour son client.

Si des opérations sont engagées chez divers Agents par un même client, toutes les opérations se liquident et tous les soldes créditeurs ou débiteurs en résultant se compensent, et le règlement entre les divers Agents est fait par les soins de la Chambre syndicale.

25 Art. 79. Les règlements en liquidation pour compensations, reports, livraisons entre Agents ou clients, s'effectuent sur un cours fixé par le Syndic ou les Adjoints de service, à l'heure et de la manière arrêtées par la Chambre syndicale.

Ces cours sont affichés, une demi-heure avant la clôture de la Bourse, dans le cabinet des Agents et dans la Bourse.

## CHAPITRE III

25 **Livraisons, oppositions et paiements**

25 ART. 80. Les négociations au comptant et à terme se font en Bourse sans désignation de numéros des valeurs négociées; l'Agent de change n'est tenu de livrer à l'acheteur que des titres de même nature, en nombre égal, et se trouvant dans des conditions identiques.

20-25-26-35-38 ART. 81. Celui auquel on a remis un titre figurant au *Bulletin officiel des Oppositions* ou sorti à un précédent tirage, a le droit d'exiger en échange un titre régulier.

26 ART. 82. L'attribution d'un titre faite sur les livres de l'Agent de change vaut livraison.

26-35-37 ART. 83. Les bordereaux de clients doivent être timbrés conformément à la loi.

Le même bordereau peut comprendre, soit plusieurs opérations d'achats et ventes sur différentes valeurs, soit les opérations faites à des dates différentes pour l'exécution d'un même ordre, pourvu que ce soit pour la même personne, et que le timbre corresponde au prix totalisé de toutes ces opérations.

37 ## CHAPITRE IV

37 **Négociation d'effets de commerce et de valeurs métalliques**

37 ART. 84. Les Agents de change ont seuls le droit de faire, pour le compte d'autrui, les négociations des lettres de change ou billets et de tous papiers commerçables, et d'en constater le cours.

13 - 37 Ils ne peuvent faire ces négociations pour leur propre compte.

13 - 37 Art. 85. Quand un Agent de change a conclu entre deux banquiers ou commerçants une négociation d'effets de commerce, il en donne aux deux parties un arrêté qui constate la quantité, la nature, l'échéance et le prix des effets, et qui désigne au donneur son preneur, et au preneur son donneur ; il porte immédiatement ledit arrêté sur son carnet.

37 Art. 86. Les Agents de change peuvent faire les négociations et le courtage des ventes ou achats de matières métalliques.

Ils ont seuls le droit d'en constater le cours.

Les dispositions de l'article précédent seront observées.

---

## TITRE III

26 **Cote du cours des valeurs**

26 - 27 Art. 87. Les fonds d'État français sont portés de droit à la Cote, au comptant et à terme.

Les autres effets publics français sont également portés de droit à la Cote au comptant. La Chambre syndicale décide s'ils seront cotés à terme.

Elle a tout pouvoir, sous l'autorité du Ministre des finances, pour admettre, refuser, suspendre et interdire la négociation des autres valeurs.

Elle se fait remettre à cet effet toutes les pièces justificatives et les renseignements qu'elle juge nécessaires.

27 - 28 L'approbation du Ministre des finances est obligatoire pour l'admission à la Cote des valeurs étrangères.

27 - 28 Le Ministre peut toujours interdire la négociation de ces valeurs.

28 ART. 88. A l'issue de la Bourse, les Agents de change se réunissent pour concourir à la rédaction de la Cote officielle.

29 Cette Cote est la seule authentique.

28 - 36 ART. 89. La Cote doit indiquer au moins les cours extrêmes en hausse et en baisse auxquels des marchés ont été conclus.

28 - 29 Elle indique également le cours moyen de tous les effets cotés au comptant pendant la Bourse précédente.

28 Ce cours moyen est établi en prenant pour base le prix moyen entre le plus haut et le plus bas des cours qui ont été cotés au comptant.

28 ART. 90. Ces cours sont affichés dans l'intérieur de la Bourse, par les soins de la Chambre syndicale, aussitôt après la rédaction de la Cote.

29 ART. 91. La Cote officielle est publiée chaque jour après la Bourse par les soins de la Chambre syndicale.

Le bulletin contenant cette Cote constate également les cours des changes et des matières d'or et d'argent.

Il peut mentionner en outre les indications qui paraissent de nature à intéresser le public.

Ce bulletin est signé par le Syndic.

---

## TITRE IV

29 **Dispositions particulières**

29 ART. 92. Les Compagnies d'Agents de change

peuvent constituer des fonds de réserve, des caisses communes ou autres, dont l'organisation et le fonctionnement seront déterminés par les règlements particuliers de chaque Compagnie.

29-35-36 Art. 93. Ces règlements statueront également sur les questions d'ordre intérieur non résolues par le présent règlement général.

30 Art. 94. Les règlements particuliers ne seront exécutoires qu'après leur approbation par le Ministre compétent.

Paris. · Imprimerie de la Chambre syndicale, rue Ménars 6.

www.ingramcontent.com/pod-product-compliance
Ingram Content Group UK Ltd.
Pitfield, Milton Keynes, MK11 3LW, UK
UKHW021004180726
13838UKWH00003B/1444

9 782329 173245